A ETERNA ATUALIDADE DO EVANGELHO
Jesus Cristo ontem, hoje e sempre

FREI LUÍS MARIA SARTORI

A ETERNA ATUALIDADE DO EVANGELHO
Jesus Cristo ontem, hoje e sempre

Dados Internacionais de Catalogação na Publicação (CIP)
(Câmara Brasileira do Livro, SP, Brasil)

Sartori, Luís Maria
A eterna atualidade do Evangelho / Frei Luís Maria Sartori.
— São Paulo : LTr, 2007.

Bibliografia.
ISBN 978-85-361-0988-6

1. Bíblia. N. T. — Evangelho — Crítica e interpretação
2. Cristianismo e política 3. Igreja e problemas sociais I. Título.

07-3162
CDD-261.8

Índices para catálogo sistemático:
1. Cristianismo e problemas sócio-econômicos :
Teologia social 261.8

Produção Gráfica e Editoração Eletrônica: **LINOTEC**
Capa: **ELIANA C. COSTA**
Impressão: **HR GRÁFICA E EDITORA**

(Cód. 3430.0)
© Todos os direitos reservados

EDITORA LTDA.
Rua Apa, 165 — CEP 01201-904 — Fone (11) 3826-2788 — Fax (11) 3826-9180
São Paulo, SP — Brasil — www.ltr.com.br

Junho, 2007

ÍNDICE

Prefácio	7
Uma Distinção Prévia	9
A Eterna Atualidade do Evangelho	11
1. O Economismo	18
2. Libertinismo Individualista	20
3. Psicologismo	24
4. Democracia, Forma de Governo	27
5. Trabalhismo	30
6. Sexualidade e Genitalismo	34
7. Secularismo e Secularidade	38
8. Evolucionismo e Criacionismo	41
9. Fanatismo e Religiosidade	43
10. Relativismo Permissivo e Verdades Absolutas..	46
11. Superficialidade e Fé Profunda na Humanidade de Jesus	48
12. Marginalização e Fraternidade	51
13. Libertinismo e Liberdade	55
14. Política e Politicismo ou Politicalha	56
15. Tecnologia e Ternocracia	57
16. Naturalismo e Naturalidade	58
17. Servir a e Servir-se	60
18. Racionalismo e Fé Sobrenatural	64
Deus e o Homem	66
O Homem	79
1. Antecedentes	83
2. Espécies de Fundamentos	94
3. Princípios Operativos Sacramentais	96
4. Relação dos Fundamentos Sacramentais com o Apostolado dos Leigos	109

PREFÁCIO

Quando Jesus caminhava pelas terras da Palestina, de seus lábios saíam mensagens de fé, de esperança, de muito amor. De seus olhos, um fogo que aquecia os corações; de suas mãos, ações que confundiam o povo, pelo misto de ternura e de vigor com que se relacionava com todos. Era o Evangelho que estava sendo pregado nos corações daquele povo simples mas sedento e faminto de uma luz suficientemente forte e poderosa capaz de iluminar as vidas e marcar a todos com os valores da justiça, da concórdia e da paz. E este Evangelho continha a grandeza e a pujança de se espalhar pelos quatro cantos do mundo, penetrar todas as civilizações e culturas, confundir sábios e poderosos, alimentar os pequenos e os simples, convocar a todos para uma ordem nova marcada pelo selo da paternidade divina e fraternidade humana. Esta Boa-Nova foi atual para o seu tempo e para todos os tempos por onde a história caminhou, trazendo novidade e vida pelos terrenos por onde foi semeada.

"A Eterna atualidade do Evangelho", mais um título dos muitos publicados pelo eminente Frei Luis Maria Alves Sartori, OFM, quer mostrar esta dimensão transhistórica do Evangelho.

Com a sutileza de homem experimentado pelo trabalho árduo da pastoral do mundo do trabalho, dinâmico capaz de entrar e sair por ambientes os mais resistentes à Palavra de Deus e deixar plantada a Boa Nova, e ultimamente provado pelas dores e sofrimentos causados pelo "irmão corpo", deixa-nos um escrito belo, profundo, erudito e abrangente mostrando como a Palavra de Deus permeia a história e a vida.

Partindo da análise de vários pensamentos filosóficos, passando por diversas formas de governo e organização da sociedade, mostrando valores e desvalores do pensamento moderno, desemboca nas verdades absolutas e revolucionárias da fé.

A obra tem seu ponto alto na abordagem do Deus que se faz homem, fazendo com que o homem se divinize, e na pessoa do Homem-Deus Jesus de Nazaré encontre sua radicalidade e plenitude.

É uma obra maravilhosa que, com simplicidade e abordagens convincentes, toca em assuntos complexos e importantes para o mundo moderno.

Espero e desejo que os leitores aproveitem bem e se enriqueçam com a leitura de tão precioso livro e que se convençam de que toda nossa existência é permeada pela "Eterna Atualidade do Evangelho".

São Paulo, 4 de outubro de 2006
Festa de São Francisco de Assis

Dom Frei Luiz Flávio Cappio, OFM
Bispo Diocesano de Barra-BA

UMA DISTINÇÃO PRÉVIA

Para refletirmos sobre o Evangelho, que é uma mensagem divina, e sua eterna atualidade para a vida humana, parece-nos indispensável fazer a distinção simples mas profunda entre aculturação e inculturação.

Entendemos por aculturação a atitude de estarmos atualizados ao nosso tempo, conhecedores das realidades sociais, culturais, políticas e econômicas, com suas falhas, suas necessidades, seus valores, com suas conquistas novas no campo da ciência, com seus procedimentos morais, enfim, "filhos de nosso tempo". Somente assim poderemos aplicar na nossa sociedade a mensagem de JESUS que veio ao Seu e nosso mundo para levar a humanidade à paz e ao caminho da salvação, a realização do Reino de DEUS e do Plano Primitivo que a Santíssima Trindade teve e tem para as suas criaturas.

E entendemos por inculturação o trabalho de levar para bem dentro da vivência diária, pessoal, familiar e social a fé na palavra, a esperança nas promessas, e a vida da caridade de JESUS. Trabalho de intenso, firme e difícil apostolado. Encarnar em um mundo onde a tecnologia está fazendo a muitos encararem este mundo passageiro e temporal como a sua última finalidade, sem a visão da eternidade para a qual fomos criados após a nossa morte. Mostrar e realizar a Boa Nova do Evangelho, mediante toda uma Doutrina Social Católica que, entendendo as realidades de nossa atualidade, mostra o caminho da justiça e da caridade que devem reinar entre os homens.

Esta inculturação supõe e exige uma Mística, bem vivida pelo e no sopro do Espírito Santo que santifica nossa pessoa e que deve dar o testemunho palpável de sua autenticidade; uma Doutrina bem conhecida e aplicada, e um Sistema concreto de sua realização.

Estas duas realidades, a aculturação e a inculturação, sempre devem andar de mãos dadas, bem juntinhas, pois há o perigo de ficarmos pregando uma evangelização própria da Idade Média, ou então nossa pregação perde sua autenticidade evangélica e entra na onda do modernismo acomodado, egoísta e muitas vezes até ateu.

A ETERNA ATUALIDADE DO EVANGELHO

Evangelho é uma BOA NOVA. Em grego *"ëv"* significa "bom, ou Boa" e *"änguelos"* significa "nova". Por isto, a mensagem do Evangelho será sempre boa e será sempre nova. Nova porque independe dos fatos de cada época, ou, melhor, para qualquer situação humana histórica, o Evangelho tem a mensagem necessária para que tal situação seja de paz, de libertação humana, de ordem e respeito aos direitos e deveres humanos.

Em outros termos, o Evangelho de JESUS possui uma atualidade eterna, dando a solução melhor e única para todos os problemas humanos.

O que se faz então necessário a nós cristãos são duas coisas: conhecer bem os sinais de nossa época, suas falhas, suas necessidades, seus problemas característicos, diversos dos de outros tempos, a evolução rápida ou rapidíssima, apontando mais para o futuro do que para o presente e menos ainda para o passado, e, em segundo lugar, conhecer que resposta, que solução positiva a mensagem de JESUS tem para tal atualidade.

Com expressões mais atuais, nós cristãos devemos conhecer a aculturação, ou estarmos aculturados ao momento histórico e sabermos fazer a inculturação da mensagem social, redentora, salvadora, que a doutrina do Evangelho possui para tais realidades atuais.

Exigências difíceis de serem preenchidas, dada a complexidade crescente dos problemas humanos causados pela tecnologia e da necessidade de se aplicar ao cerne de cada problema científico uma resposta ou uma adequação redentora da mensagem evangélica.

Para estarmos atualizados com as novidades sérias da história, não podemos estar alienados ao que sucede ao nosso redor, em matéria de economia, de relação social e política.

Não nos é possível conhecer toda a argumentação que as ciências modernas propõem, mas podemos e devemos conhecer as conclusões a que elas chegaram, a fim de vermos se estão de acordo com a moral e doutrina do Evangelho. Não podemos cometer o engano, como no caso de Galileu Galilei, afirmando ser heresia o fato de a terra girar em torno do sol. Depois de comprovada a conclusão, podemos então avaliá-la diante do Evangelho. Um exemplo atual: os cientistas modernos estão chegando à conclusão do erro do evolucionismo de Darwin e aceitando cada vez mais o creacionismo bíblico.

Nosso propósito é enumerar alguns dos mais sérios problemas da atualidade e levá-los diante da luz sobrenatural e encarnada do Evangelho.

A lista que apresentaremos não quer ser em ordem de importância, porque achamos que cada uma destas características tem sua importância própria. Aliás, muitas destas características estão tão ligadas umas às outras, que muitas vezes uma é efeito de outra, que por sua vez é causa de outras.

Comecemos pelo "cientificismo"

A ciência humana quanto mais progride e se aprofunda no conhecimento do que DEUS colocou na natureza deve cada vez mais nos aproximar deste mesmo DEUS. No entanto, o orgulho humano do "sereis como deuses" que destronou Adão e Eva do Paraíso continua a exercer sua função maléfica na sociedade humana. O "cientificismo" é uma superconfiança na ciência humana, negando a DEUS ou sua existência ou sua presença criadora e providencial na vida humana.

Esta relação entre razão e fé está admiravelmente bem tratada na encíclica do Papa João Paulo II intitulada *Ratio et Fides*.

A verdadeira ciência não está contra o que está acima de sua capacidade, pois acima do que é humano e criado existe o divino, o incriado, o mistério que é o ambiente do sobrenatural, comunicado a nós pela Encarnação do Filho de DEUS em JESUS CRISTO. DEUS não Se pode contradizer, uma vez que Ele é o autor da natureza e do sobrenatural.

Quantos santos foram grandes cientistas em ciências naturais e em filosofia racional, como Santo Irineu, Santo Alberto Magno, São Boaventura, São Tomás de Aquino.

Atualmente porém existe um "cientificismo" super confiado em si mesmo que leva ao ateísmo, ou um ateísmo que leva ao cientificismo.

A ciência humana tem os seus limites por ser algo criado, e por isso toda ciência esbarra no fundo em um mistério. Por exemplo, o mistério da vida: Como é que uma sementinha da árvore de mostarda (não da que se faz salada), quase invisível em sua pequenez, gera uma árvore de 3 metros? Como o esperma masculino encontrando-se com o óvulo feminino gera um ser vivo dotado de uma alma que pensa, que tem liberdade, que tem consciência intelectual e moral, que aspira pelo infinito para o qual ela foi feita? Como explicar o sentido de ordem e de finalidade que existe em toda a natureza senão pela existência de um Alguém que tudo criou com um pensamento definido e inteligente? Por que existe uma lei de gravidade entre os seres materiais e que, no entanto, não faz a terra ser atraída para o sol, mas girar em torno dele?

É um dos maiores absurdos a afirmação e a aceitação de um "Acaso Onipotente" que pretende explicar a inteligência patente na natureza por uma burrice intelectual de um acaso estúpido!

Leiamos alguns trechos da Encíclica '"Razão e Fé" do Papa João Paulo II, para confirmarmos o que dissemos sobre a sintonia entre a ciência racional e a fé sobrenatural.

No capítulo II, intitulado "Creio para entender", nas muitas páginas sobre o assunto, entre outras, ele escreve:

"Quão profunda seja a ligação entre o conhecimento da fé e o da razão, a Sagrada Escritura no-lo indica com elementos de uma clareza surpreendente. (...) Para o autor inspirado o desejo de conhecer é uma característica como a de todos os homens. Graças à inteligência, é dada a todos, crentes e descrentes, a possibilidade de 'saciarem-se nas águas profundas do conhecimento' (Prov. 20, 5). Seguramente, no Antigo Israel, o conhecimento do mundo e dos seus fenômenos não se realizava pela via da abstração ... (...) A fé não intervém para humilhar a autonomia da razão, nem para reduzir o seu espaço de ação, mas para fazer compreender ao homem que, em tais acontecimentos, se torna visível e atua o Deus de Israel. Assim, não é possível conhecer profundamente o mundo e os fatos da história, sem ao mesmo tempo professar a fé em DEUS que neles atua. A fé aperfeiçoa o olhar interior, abrindo a mente para descobrir, no curso dos acontecimentos, a presença operante da Providência. (...) É como se dissesse que o homem, pela luz da razão, pode reconhecer a sua estrada, mas percorrê-la de maneira decidida, sem obstáculos e até o fim, ele só o consegue se, de ânimo reto, integrar a sua pesquisa no horizonte da fé. Por isso, a fé e a razão não podem ser separadas, sem fazer com que o homem perca a possibilidade de conhecer de modo adequado a si mesmo, o mundo e DEUS. (...) Não há motivo para existir concorrência entre a razão e a fé: uma implica a outra e cada qual tem o seu próprio espaço de realização. (...) Em DEUS reside a origem de tudo, nele se encerra plenitude do mistério, e isto constitui a sua glória; ao homem, pelo contrário, compete o dever de investigar a verdade com a razão, e nisto está a sua nobreza. (...) O desejo de conhecer é tão grande e comporta tal dinamismo que o coração do homem, ao tocar o limite intransponível, suspira pela riqueza infinita que se encontra para além deste, por intuir que nela está a resposta cabal para toda a questão ainda sem resposta. (...) Na revelação de DEUS, pôde sondar em profundidade aquilo que a razão estava procurando alcançar sem o conseguir. (...) A primeira regra é ter em conta que o conhecimento do homem é um caminho que não permite descanso; a segunda nasce da consciência de que não se pode percorrer tal caminho com o orgulho de quem pensa que tudo seja fruto de conquista pessoal; a terceira regra funda-se no 'temor de DEUS', de quem a razão deve reconhecer tanto a transcendência soberana como o amor solícito no governo do mundo."

Efetivamente, através das criaturas, DEUS faz intuir à razão o seu "poder" e a sua "divindade" (Rom. 1,20). Desse modo, é atribuída à razão humana uma capacidade tal que parece quase superar os seus próprios limites naturais, não só ultrapassa o âmbito do conhecimentos sensorial, visto que lhe é possível refletir criticamente sobre o mesmo, mas, raciocinando a partir dos dados dos sentidos pode chegar também à causa que está na origem de toda a Realidade sensível. Em terminologia filosófica, podemos dizer que, deste significativo texto paulino, está afirmada a capacidade metafísica do homem.

Segundo o Apóstolo, no projeto originário da criação estava prevista a capacidade de a razão ultrapassar comodamente o dado sensível para alcançar a origem mesma de tudo, o Criador.

Por todos estes argumentos vemos como o "cientificismo" orgulhoso é uma aberração da verdadeira ciência que, por sua vez, nos leva à fé, a crer não só em um Ser Superior, autor de tudo, mas nos leva à aceitar a Palavra Revelada por JESUS que é a encarnação de DEUS.

Ciência e fé se postulam mutuamente e não se opõem — esta é uma das "Boas Novas" trazidas por JESUS e há séculos vivida tranqüilamente pela Igreja Católica, superando, de vez em quando, opositores medíocres que não possuem a boa vontade de aceitar a verdade toda.

Desigualdades sociais

JESUS nos falou um dia: "Pobres sempre tereis convosco". Isso porém não justifica nem quer justificar as monstruosas e injustas desigualdades existentes em nosso Brasil.

Não é possível justificar que em um país de 180 milhões de habitantes, uns 40 milhões ganhem e se sustentem (?) com um ganho equivalente a dois reais. Quantas crianças hão de morrer de fome!

Enquanto isto, quantos banqueiros, ganhando um absurdo à custa de nosso dinheirinho depositado em seus bancos, compram apartamentos luxuosíssimos, ocupando um andar inteiro, com 4 dormitórios, sala de jogo, sala de espera, sala de jantar, piscina, jardins, ar refrigerado, alguns com um par de sapato para cada dia do ano, com biquínis que custam o preço do que os pobres comem em um mês, com um automóvel para seus dois filhos, outro para a esposa e outro do "patrão", enquanto o pobre anda com "o pé no chão, viação canela".

Já é um triste ditado: "Os pobres cada vez mais pobres e os ricos cada vez mais ricos".

Qual a causa de tamanha desigualdade?

Escutemos o que nos diz *Plínio de Arruda Sampaio*, advogado e economista, presidente da Associação Brasileira de Reforma Agrária e consultor da FAO internacional:

"Fala-se muito em combater a miséria e muito pouco em combater a desigualdade. No entanto a miséria não é senão uma das dimensões — a pior delas — da desigualdade.

O sistema econômico, social e político brasileiro, tal como está estruturado, é a causa primeira da desigualdade, e portanto, uma fábrica de miséria. Aqui o 'trikle down effect', tão proclamado pelos economistas liberais, funciona ao revés: a riqueza acumulada nas mãos dos ricos não transborda em cascata para os patamares inferiores da pirâmide social. Pelo contrário, é a riqueza gerada pelo trabalho dos mais pobres que, succionada para as camadas superiores, se concentra, despudoradamente, no exíguo patamar superior da pirâmide.

Com o dinheiro, concentram-se o prestígio social e o poder político absolutamente indiferente à impossibilidade de universalizá-la. (...)

'Sem oportunidade de obter emprego na economia formal, amplos contingentes da população brasileira convertem-se, na asséptica terminologia neo-liberal, em marginais, descartáveis, 'prescindíveis', 'inincorporáveis'. Se morrem todos, o PIB não será afetado, nem as margens de lucro e índices de acumulação de capital (salvo, talvez, o lucro das firmas que fornecem bens para os programas assistenciais do Estado. Obviamente, uma sociedade assim estruturada não pode se transformar em uma nação desenvolvida.

A ninguém escapa que o considerável aumento de produtividade ocorrido no Brasil nos últimos 40 anos operou consistentemente no sentido de concentrar os ativos em poucas mãos, enquanto grandes massas da população permaneciam destituídas do mínimo de equipamento pessoal com que se valorizar nos mercados.

Como modificar o mecanismo que conduz a essa perversa distribuição de ativos ao nível das coisas e das habilitações pessoais, é a grande interrogação. (...) Trata-se de atacar as causas da desigualdade e da pobreza, o subemprego estrutural, único meio de criar mecanismos automáticos de distribuição de renda e reverter a tendência concentracionista do sistema econômico, social e político."

A base tanto racional como de fé cristã para tais desigualdades é o fraternismo humano e cristão.

"Somos todos irmãos", seres humanos todos com a mesma dignidade, independente de raça, de cor, de nacionalidade, de posição social, de nível cultural. Infelizmente, tal igualdade foi afetada pelo orgulho do pecado original que fez os homens terem critérios de valorização baseados em fundamentos superficiais e secundários, partindo daí para desníveis sociais, políticos e econômicos totalmente injustos.

Foi exatamente para reconstituir a fraternidade universal do mandamento "Amai-vos uns aos outros, assim como Eu vos amei", é que JESUS morreu na cruz e com esta morte conquistou para nós a graça divina da filiação divina que em plano sobrenatural nos faz todos ser "filhos de DEUS e irmãos em Cristo". Tal graça divina tem o poder e a força de nos unir como irmãos e com isto acabar com as desigualdades sociais que tanto mal fazem à humanidade.

Enquanto os seres humanos não retornarem e aceitarem, e viverem este fundamento sobrenatural de nossa filiação divina pela graça santificante, não haverá justiça na prática da igualdade.

Sem a graça de JESUS, não é possível os homens acabarem com o grande, talvez o maior, escândalo atual das desigualdades sociais.

Ser irmãos, aceitar nossa igualdade, é reconhecer os direitos de cada pessoa humana e cumprir com os deveres que cada um de nós tem para com o outro. O "outro" faz parte de nosso "eu", ou como diz com muita simplicidade e radicalidade o beato *João Duns Scotus*, ser pessoa é "ser para o outro" (esse *ad alium*).

Tal fraternismo nos leva, imediatamente, a uma vida em comunidade, ou a uma vivência comunitária, em que a economia, o relacionamento social, a família, a vida política tomam o acento de igualdade geral e desigualdades justas, que em suas diferenças são feitas para se complementarem e não para se digladiarem ou para uma dominar a outra.

Um fato me ocorre como um belo exemplo. Um dia, o Cardeal e Superior-geral da Ordem Franciscana, o grande São Boaventura, passeando no jardim do seu convento, encontrou-se com um frade franciscano, irmão consagrado como ele, mas não sacerdote, que era o jardineiro da comunidade, que em conversa lhe disse que se lastimava não poder falar para DEUS) e para os fiéis tanta coisa bonita e sábia como o Santo, mas só sabia cuidar do jardim e cortar a grama. Ao que o Santo lhe disse: "Mas se você faz o seu serviço com amor e fé você pode agradar mais a Deus do que eu com a sabedoria que Ele me deu". Ao ouvir isto, o irmãozinho saiu correndo e gritando aos quatro ventos: "Gente, eu posso agradar e louvar a DEUS mais do que o Cardeal Boaventura, se eu fizer o meu trabalho com amor a JESUS!".

São as desigualdades justas que se completam pelo amor.

1. O ECONOMISMO

A palavra "economia" vem do grego "óikos" — casa — e "nomos" — lei, significando a "lei doméstica", ou seja, a lei do equilíbrio ente posses e gastos. A economia, portanto, existe em função de produção e consumo e visa principalmente à pessoa humana que é o consumidor, ou o usufrutuário do produto. Economia é o laço entre duas pessoas, o produtor e o consumidor, mediante o produto que deve ser algo necessário para a vida humana.

Na economia primitiva, o que havia entre os homens era uma "economia de troca": aquele que produzia alimentos recebia do outro aquilo que precisava, como a roupa para vestir-se; era algo muito humano, pois não havia propriamente um lucro extra, além da satisfação de ambas as pessoas.

Quando se inventou a moeda para facilitar (ou complicar) a troca entre o produtor e o consumidor, entrou um elemento que começou a ser mais valorizado do que a simples troca humana: o desgraçado lucro. E foi aí que a ambição, fruto do pecado original, começou a desvirtuar o relacionamento entre o produtor e o consumidor. Não se olhava mais a justiça entre a troca, mas se pretendia ganhar o máximo, à custa do consumidor. Mas, como este consumidor de um produto é também produtor de outro produto, ele procurava descontar em um terceiro aquilo que o primeiro havia ganho ou roubado dele. Perdeu-se então a visão humanista da economia... O que se pretendia já não era mais o "servir" ao próximo, mas o "servir-se" do próximo, ganhando sempre o mais possível. Nasceu o "economismo", totalmente aliado ao "monetarismo". E a moeda, o dinheiro, começou a ser o rei e não o servo na economia. O material da moeda superou o humano do consumo e o "bezerro de ouro" começou a ser adorado como o maior deus da vida moderna. O "deus" do dólar, do euro, do franco, da lira, da libra, e de outras tantas moedas Em nosso Brasil chegou a mudar até de nome: cruzeiro, real, etc.

É fácil verificar o transtorno que tal centralização da economia em torno da moeda trouxe, traz e trará sempre para a vida humana. Os bancos hoje valem mais do que as fábricas... Os banqueiros que nada produzem ficam cada vez mais ricos só de manusear o dinheiro dos outros. Os juros altos extorquem do "zé povinho" o sangue e o suor que ele gasta no trabalho e para o sustento de seus filhos.

Este círculo vicioso tem levado os homens e as nações a uma competição nem sempre pacífica, a uma verdadeira guerra de empréstimos aos necessitados, empréstimos estes em sua maioria impagáveis pelos devedores, que realmente se transformam em escravos dos credores.

Resultado: nações ricas como os Estados Unidos se não devem a ninguém, possuem uma dívida interna que cresce cada vez mais, chegando a bilhões, senão mesmo a trilhões de dólares.

Muito longe do fraternismo que acima meditamos está este economismo aloucado que não tem solução porque é fruto do pecado da ambição humana.

Fruto de um erro não tem solução a não ser com a destruição deste erro, causa de tanta infelicidade.

E o que o Evangelho nos propõe para sanar tão arraigada adoração ao bezerro de ouro?

Sem a fraternidade cristã acima descrita, jamais haverá respeito pelos direitos de cada pessoa humana. Sem a justiça e sem a caridade a economia será sempre um economismo perigoso, levando os irmãos, filhos do mesmo Pai, a guerras fratricidas pelo poder e pelo domínio de uns pelos outros.

O capitalismo e o neoliberalismo não conhecem nem a fraternidade nem a divindade de um PAI comum. O economismo e o ateísmo andam de mãos dadas.

A solução cristã, de muito tempo, são as comunidades onde todos trabalham, onde ninguém é dono do dinheiro, onde o dinheiro é utilizado pelas necessidades comuns, onde o interesse é o bem-estar de todos e de cada um em particular, conforme as necessidades.

A solução é a "Economia de comunhão", onde cada um tem o seu trabalho próprio dentro da vida comunitária e colabora com os seus produtos para o bem de todos.

E isto é praticado não só em comunidades religiosas com voto de pobreza, mas por comunidades muito mais numerosas de leigos que escolheram a vida evangélica como caminho.

Graças a DEUS tais comunidades hoje se multiplicam em todo o mundo, dando um testemunho da prática da verdadeira economia, onde o dinheiro está a serviço do homem e não o homem a serviço do dinheiro.

Os Focolarinos, de Chiara Lubich, estão dando um testemunho de riqueza abundante a serviço de todos, sem que ninguém se sinta dono de nada.

No comunitarismo cristão, o trabalho é comunitário, o produto é comunitário e o lucro é comunitário. Claro que na produção o trabalho é diferenciado, mas complementar comunitariamente

Opondo-se frontalmente ao capitalismo em seu império e domínio do capital sobre o trabalho; opondo-se também ao comunismo em seu domínio de um governo sobre as liberdades pessoais, o Comunitarismo cristão valoriza o trabalho pessoal diferenciado, valoriza o produto em sua finalidade de serviço, e valoriza o lucro tornando-o comunitário sem aliciar o egoísmo e a ambição pelo "deus" do dinheiro, pois todo o lucro é usado para todas as necessidades da comunidade e de cada um comunitário necessitado.

Desta maneira, pratica-se a verdadeira economia que, como dissemos, em sua raiz etimológica, deve ser a "lei doméstica", lei justa e humana, colocando o ser humano acima do lucro e fazendo o lucro estar sempre a serviço do homem.

2. LIBERTINISMO INDIVIDUALISTA

"Liberdade embora tardia" *(Libertas quae sera tamen)* é o lema dos mineiros, ou de Minas Gerais. Por ele morreu Tiradentes, hoje erguido em estátua na praça principal de minha terra, Ouro Preto.

Liberdade é o maior e o mais nobre Dom que DEUS nos deu, mas é também o mais perigoso, pois ela pode ser exercida contra a verdade e gerar o pecado.

Liberdade, magistralmente definida pelo beato *João Duns Scotus*, como a "faculdade da vontade de mover-se a si própria por si própria", definição muito mais radical do que a de *São Tomás de Aquino*, que dizia ser ela a faculdade de escolher entre dois opostos.

"Mover-se a si própria por si própria" pode e deve ser na procura da verdade objetiva, a fim de se realizar em sua plenitude.

Se ao invés de procurar e alcançar a verdade objetiva, a pessoa procura somente e principalmente a satisfação subjetiva, esta pessoa cairá fatalmente no egoísmo individualista.

E a humanidade atual parece estar sendo dominada pelo individualista egoísta e puramente subjetivo.

Aí estão os libertinos usando as prostitutas; aí estão aqueles condenados por São Paulo em sua "Carta aos Romanos", os homossexuais, agindo contra a natureza que o Criador fez, aí estão os *"gays"* se exibindo em televisão, em desfiles numerosos; aí estão os militares invadindo nações alheias e assassinando a frio os prisioneiros; aí estão homens e mulheres que se juntam e se separam por motivos fúteis; aí estão as inimizades entre vizinhos por causa de diferenças idiotas; aí estão os desprezos mútuos entre as raças; aí estão as quadrilhas de bandidos com o intuito de assaltar; aí estão as favelas, as "rocinhas" que formam verdadeiras cidades do crime organizado... E tudo isto em nome de uma falsa liberdade, de um egoísmo aceito como norma suprema de ação.

É o individualismo que se julga superior a todas as outras normas morais da pessoa humana, porque "faz o que quer". É a "divinização diabólica" do egoísmo, que repete diante do DEUS verdadeiro o que disse Lúcifer, o chefe dos diabos: "Não servirei. Eu sou dono de mim mesmo".

Como é diferente o Personalismo realmente livre. Ou a liberdade personalista!

A cada um de nós seres humanos, DEUS deu qualidades, habilidades próprias para serem desenvolvidas e para formarem nossa perfeita personalidade. E o desenvolvimento de tais dotes se faz mediante a liberdade pessoal. Esta faculdade de mover-se a si própria por si própria vai nos aperfeiçoar dentro da verdade. Já dizia São Paulo: "A verdade vos libertará". Ou, invertendo: A liberdade bem usada de acordo com a consciência nos leva à Verdade.

E como já dissemos, sendo a Pessoa um "Ser para o outro", a verdadeira liberdade personalizante nos leva ao amor. E esta liberdade para amar nada tem de egoísta.

A verdadeira personalidade se realiza totalmente quando, esquecendo-se de si, se doa ao próximo, usando neste serviço todas as qualidades e dons pessoais. Serviço que não é domínio sobre o necessitado, mas cultivo das qualidades personalizantes, ao exercê-las em benefício alheio.

"O Mover-se a si própria", ou "Eu quero porque quero", com motivos para agir e querer, ou até sem motivos, é o máximo de liberdade, e se for um querer para outros, é caridade, é amor.

Um belo testemunho deste Personalismo de doação ao próximo, é a oração de São Francisco de Assis:

"Senhor, fazei de mim um instrumento de vossa paz Onde houver ódio, que eu leve o amor.

Onde houver ofensa, que eu leve o perdão.

Onde houver discórdia, que eu leve a união.

Onde houver dúvidas, que eu leve a fé.

Onde houver erros, que eu leve a verdade.

Onde houver desespero, que eu leve a esperança.

Onde houver tristeza, que eu leve a alegria.

Onde houver trevas, que eu leve a luz.

Ó Mestre, fazei que eu procure mais consolar, do que ser consolado.

Compreender, que ser compreendido.

Amar que ser amado.

Pois é dando que se recebe.

É perdoando, que se é perdoado.

E é morrendo, que se vive para a vida eterna."

A Eterna Atualidade do Evangelho

Nesta oração percebe-se claramente que a pessoa humana se encontra, se aperfeiçoa, se realiza, ao saltar o muro do egoísmo que a prende a si mesma e a se jogar nos horizontes do irmão, do outro, do próximo. É a alteridade essencial ao ser humano. É no outro que o nosso eu se realiza.

Aliás, este é o sentido verdadeiro de sexo, de sexualidade, de sermos divididos e incompletos em nós mesmos. Necessitamos do outro para nos complementarmos espiritualmente, pessoalmente, e não só, nem necessariamente, no campo genital. Pois a palavra, ou a realidade sexo, não é principalmente a parte corporal, genital. Hoje confunde-se, restringe-se sexualidade com genitalidade. Pois é toda a Pessoa humana que é sexuada. A alma humana também é masculina e feminina, em sua maneira de pensar e de querer. O homem tem seu pensamento muito lógico, racional, e a mulher tem seu pensamento intuitivo. O homem quer saber tanto os "porquês" que custa chegar à conclusão. A mulher chega logo intuitivamente à conclusão, sem saber ou exigir os "porquês", as razões.

O homem no exercício de sua vontade livre é impositivo, muitas vezes autoritário. A mulher age conquistando pelo coração, pela sedução.

Tais diferenças, criadas pelo próprio DEUS, foram feitas para se complementarem a exemplo de Cristo e a Igreja. Ele cabeça, e a Igreja o corpo místico de Cristo. E foi para consolidar tal união e superar as dificuldades oriundas do pecado original, que JESUS instituiu o sacramento do matrimônio.

Os santos que não se casaram, os religiosos que fazem voto, imitam JESUS que, sem se casar, tinha a sua personalidade completada pelo amor dedicado à humanidade, e nela gerou multidão de filhos de DEUS.

Enfim, todas as pessoas humanas, cada qual dentro do padrão ordenado pelo Criador, devem e podem atingir o desenvolvimento pleno de sua personalidade, pela caridade, pelo amor. Amor este que em suma é a máxima expressão de personalidade.

Por tudo isto se vê a aberração contra a natureza, da prática da homossexualidade que inclui um genitalismo anormal e antinatural.

Muito diferente é a amizade cristã que tem motivações sobrenaturais e naturais legítimas, e nada inclui de genitalismo contra o sexto e nono mandamentos da lei natural de DEUS, inscritos em pedra nas mãos de Moisés.

3. PSICOLOGISMO

Poderíamos incluir este tema no que falamos do "cientificismo". No entanto, como ele inclui aspectos muito particulares, nós procuraremos especificá-lo em seus aspetos próprios.

Atualmente o campo de estudos do espírito humano se especificou em Psicologia — que estuda simplesmente a realidade da alma e dos temperamentos; em Psiquiatria que se utiliza de remédios para ajudar a pessoa a adquirir o equilíbrio interior; e em Psicoanálise que se utiliza de conversas com o psicanalista a fim de descobrir as causas do desequilíbrio e encaminhar para a reconquista da normalidade.

Tais ramos se desenvolveram muito, devido às situações atuais da vida moderna que, com seus excessos, tem levado a humanidade a tais desacertos mentais e morais. O libertinismo com a falsa idéia de liberdade sem limites é uma das causas de tanta loucura. Se os hospícios estão cheios, nas ruas existem mais loucos e desequilibrados.

Uma palavra célebre do Papa Paulo VI nos poderá introduzir ao que chamamos de "psicologismo". Ele dizia: "Um dos males do tempo moderno é a preferência que se dá à complexidade da psicoanálise em vez da simplicidade da fé cristã".

Psicologismo para nós é exatamente o exagero em se ver todos os distúrbios interiores do ser humano principalmente ou quase que somente em causas ou sociais, ou familiares, ou de hereditariedade.

O Psicologismo naturalista esquece ou mesmo desconhece o fato do "pecado original" que em todo o ser humano é fonte de desequilíbrio, de exageros ou de temores, de ambições e de orgulho, tudo isto com íntima relação com a atitude pessoal que devemos ter com DEUS. Pecado original é o eterno "sereis como deuses" que levou nossos primeiros pais à queda em um nível abaixo do que em nós é o natural. Hoje estamos abaixo do equilíbrio natural, porque repudiamos o sobrenatural. O Psicologismo desconhece o sobrenatural de um DEUS que nos criou necessariamente dependentes e ligados a ELE. Sem o sobrenatural, o nosso natural estará sempre decaído.

Os remédios psicotrópicos podem ajudar o nervosismo causado por alguma situação de dor física que atrapalhe o controle dos nervos, mas não atingem a lacuna causada interiormente pelo pecado.

JESUS veio remediar todas as conseqüências do pecado, como também eliminar o próprio pecado. A Sua morte na cruz nos trouxe um sacramento capaz de perdoar os pecados: a confissão. Ela é fonte de reconquista da paz interior e fonte de energia de conversão ou de superação de tais defeitos que nos tiram a energia espiritual. O melhor remédio psicotrópico é uma boa confissão, não pelos conselhos que o sacerdote nos dá, mas pela graça de santidade que nos comunica.

A Psicanálise, que nos parece (!) mais profunda, tem uma falha estrutural, que é o fato de o psicanalista aplicar em seu cliente o critério de julgamento que ele tem em si como medida, esquecido de que cada psicanalista tem o seu próprio critério. E quem garante que este seu critério pessoal é verdadeiro e universal? Eu conheço psicanalistas cheios de "tiques" nervosos, além de um autoritarismo sem a menor humildade, que é a base da verdade.

A psicanálise também desconhece DEUS, desconhece que o nosso natural está radicalmente unido, baseado, necessitado, estruturado no sobrenatural, porque não existe criatura sem a Mão sustentadora do Criador.

Daí a "complexidade" denunciada pelo Papa Paulo VI existente na psicanálise atual que leva três a quatro anos com consultas semanais (e caras!), com resultados muito duvidosos. O número de desequilibrados que se esvaem em bebedeiras, em orgias genitais, em uso e abuso de prostitutas, aumenta cada vez mais. Aí está o número incontável e crescente de portadores de Aids, fruto de um desrespeito à lei natural do sexto e nono mandamentos da Lei de DEUS. Aí estão os governos a atingirem os efeitos e não as causas, ao distribuírem milhões de camisinhas, em vez de combater a pornografia e lutar por uma moralidade. E isto com medo de passarem por retrógrados... Com isto ajudando a um triste final de suas populações... Que a África o diga e comprove.

Como é diferente o conhecimento que temos de nossa personalidade quando nos colocamos diante da Presença de DEUS. E o modelo aí está, palpável, possível: a *humanidade de CRISTO*.

Foi tão conhecedor das maldades humanas que chegou a dizer: "Eu não vim salvar os justos, mas os pecadores", e comeu com os publicanos, com os odiados cobradores de impostos, perdoou as prostitutas e ergueu-as do erro.

Esta Humanidade de JESUS é que é o modelo, o critério psicológico para todos nós. "Eu sou o Caminho da Verdade para a Vida", falo eu modificando um pouco a palavra de JESUS.

Quem de nós quiser SE conhecer psicologicamente, com suas virtudes e dons e suas falhas e defeitos, aproxime-se de JESUS que nos Evangelhos nos descreve o que é a verdadeira psicologia salvadora, baseada na humildade e na mansidão. "Aprendei de mim que sou manso e humilde de coração."

Humildade que é a aceitação e visão concreta de nossa própria realidade interior e total, e mansidão de coração que é o controle dos impulsos instintivos e irracionais que em nós deixou o pecado original. Para tudo isto JESUS nos dá o necessário e indispensável auxílio da graça divina.

Já os gregos, em sua filosofia simples mas profunda em seu conhecimento do ser humano, classificavam em quatro tipos os temperamentos humanos, a saber: 1 — Os coléricos, ou seja, as personalidades muito intelectuais, racionais e de vontade austera e impositiva, geralmente líderes em sua comunidade; 2 — Os sangüíneos, ou pessoas muito alegres, poetas, artistas, mas não muito profundos em raciocínios e que são liderados; 3 — Os melancólicos, muito contemplativos e muito profundos em seu conhecimento, mas pouco voluntariosos; e 4 — Os fleugmáticos, muito lentos em raciocínio e mais lentos ainda em ação.

Dizem alguns entendidos que São Francisco de Assis tinha a melhor mistura de temperamentos: 45% de colérico, 35% de melancólico; 20% de sangüíneo e nada de fleugmático.

JESUS, em sua humanidade é o modelo a ser copiado; apesar de ser por nós inimitável, nos apresenta a perfeita união entre o psicológico humano e natural e o sobrenatural. JESUS possuía natureza humana, mas a sua PESSOA era divina, o

VERBO de DEUS, o FILHO eterno do PAI. Quem era responsável por todos os atos livres e conscientes do JESUS Homem era a Pessoa Divina. De tal modo JESUS tinha a sua vontade e inteligência unidas ao Verbo Divino, que Ele sempre fez a Vontade do PAI.

Mesmo no momento em que Ele, humanamente, se horrorizou diante dos sofrimentos que iria sofrer e que o fez pedir: "Afasta de Mim este cálice", Ele concluiu dizendo: "Mas, não se faça a minha vontade, mas a vossa!".

Aquilo que em JESUS era divino por natureza, em nós cristãos é a participação da natureza e vida divinas, pela graça. Cabe a nós vivermos o mais possível unidos a DEUS pela graça de filhos de DEUS a nós dada pelo batismo, para que a nossa personalidade humana readquira o seu equilíbrio total e a paz interior.

De novo chegamos à conclusão de que como criaturas, finitas, frágeis por natureza e decaídas pelo pecado original, temos necessidade intrínseca do sobrenatural para reconquistarmos e reconstruir em nós o Plano Primitivo que DEUS teve e ainda tem para nós.

E é no silêncio da contemplação que iremos descobrir em nós esta presença personalizante de JESUS em nossa alma.

E é então que viveremos aquela verdade acima mencionada por Paulo VI: "A simplicidade da fé, em vez da complexidade da psicoanálise".

Oxalá possamos dizer um dia com São Paulo: "Não sou quem vive, é CRISTO que vive em mim", ou então: "É na fragilidade humana que a virtude divina se aperfeiçoa".

Só assim seremos testemunhas da vida de DEUS em nós e mostraremos ao homem moderno desatinado a paz, o vigor, a alegria de viver, superando todos os obstáculos que o mundo nos oferece.

4. DEMOCRACIA, FORMA DE GOVERNO

Pelos termos *"demo"* povo e *"cratés"* governo, a democracia deveria ser o governo do povo pelo povo.
Mas onde tal coisa existe?

Através de toda a história humana, todos os povos tiveram alguém que exercesse o papel de governante. Por que isto?

Porque todos os povos sempre possuíram uma maneira de pensar e de agir, expressa pela cultura peculiar a cada um. Cultura que inclui uma filosofia de vida, uma ética e moral próprias e, na maioria das vezes, uma crença religiosa.

É em nome deste acervo cultural que os povos querem ser governados, ou muitas vezes são obrigados, por um abuso de poder, a aceitar esta ou aquela cultura.

Um verdadeiro governo deve expressar, em suas leis e em suas decisões, a cultura da maioria do povo.

Vários tipos de governo apareceram na história, desejosos de exprimir a verdadeira cultura popular que levaria ao progresso e à paz os seus governados.

Qualquer forma de governo que respeite tais princípios e tenha o intuito de utilizar o poder no sentido de servir, pode e deve ser considerado como bom.

Um exemplo contrastante com os abusos de reis autoritários é o exemplo de São Luís, rei da França, que, muitíssimas vezes, se misturava, disfarçado com roupas vulgares no meio do povo, nos mercados, nas praças e nas ruas, ouvindo o que o povo dizia do seu governo e o que esse povo desejava que o rei fizesse. No dia seguinte, ele lançava um decreto, atendendo a tais aspirações populares. E isto alegrava imensamente o povo e o tornava popular. É um exemplo de monarquia a serviço do povo. O poder para servir e não para dominar. Exemplo contrário é o do Rei Luís XV, que dizia soberbamente: *"La Loi c'est Moi, le Roi"* — "A Lei sou Eu, o Rei". Ou, como dizia o nosso Getúlio Vargas: "A Lei? Ora a lei ...!".

Monarquia é um tipo de governo que vem da herança de uma Família Real, que o povo aceita como destinada por DEUS para governá-lo.

No entanto, quantas monarquias foram ditatoriais! Quantos reis se sentiam "donos" de seu povo, que era então tratado como escravo.

Na verdadeira Democracia, o povo se organiza em Partidos Políticos, de acordo com propostas formuladas a servir ao povo e com culturas diversas, cada qual achando ser a melhor.

A ETERNA ATUALIDADE DO EVANGELHO 29

O meio de participação do povo é o voto, escolhendo vereadores e prefeitos, deputados estaduais e federais, senadores e presidente da nação.

Na democracia são três os poderes, o Judiciário, o Legislativo e o Executivo. O Legislativo composto pelos deputados e senadores, o Judiciário pelos Juízes, e o Executivo pelo Presidente da República e seu Ministério. Feitas as leis, elas devem se incorporar em um Corpo das Leis que estará acima de todos os poderes, quer dizer, todos os poderes devem seguir e obedecer esta LEI MAIOR que é a Constituição da Nação.

Existem países que não possuem tal Constituição escrita, mas possuem uma LEI VIVA que se acha na tradição, nos costumes, num código vivo da consciência nacional e que deputados e senadores devem conhecer a fundo e vivê-la de tal modo que segundo ela nortearão a vida nacional. A Inglaterra e Israel são assim.

O julgamento da aplicação de tais leis constitucionais cabe aos Juízes que formam o Poder JUDICIÁRIO. Tais Juízes são pouco conhecidos porque não são eleitos pelo povo e eles formam vários Tribunais diferentes.

Para que a Política corresponda ao seu objetivo, os Partidos devem ter estas três coisas: um Programa, uma Doutrina e uma Disciplina de ação.

Aliás a própria palavra "política", que vem do grego *"polis"* — cidade e *"tikaiosine"* — justiça, já nos indica o seu real objetivo: que haja justiça na sociedade.

Infelizmente a "politicalha" que vemos por aí parece ser somente o interesse de os candidatos serem eleitos. No Brasil, a inflação de mais de 30 partidos demonstra que estes não possuem um programa baseado em uma doutrina social nem uma disciplina de ação. Parece-nos que somente dois partidos possuem uma base doutrinária: os comunistas (ainda!) e o Partido Humanista Solidário, que tem como base de seu programa a Doutrina Social Católica.

Qual é então a proposta que o Evangelho nos faz para a Política atingir seus objetivos? Dois são os objetivos de um Partido cristão: O Reino de DEUS e a Fraternidade humana pela filiação divina.

Para realizar tais objetivos gerais, a Política católica deve lutar pelos seguintes ideais: igualdade, união, participação, justiça, direitos da Pessoa Humana e da Família, paz e liberdade.

Para alcançar tais realidades, o processo tem três etapas: O Personalismo, o Comunitarismo e o Solidarismo.

O Personalismo em vez do individualismo egoísta. O Comunitarismo em vez do Comunismo materialista e ateu. O Solidarismo em vez de um socialismo também antidemocrático e materialista.

A Democracia é realmente a forma de governo mais perfeita, quando realizada dentro dos princípios acima enunciados.

Para isto é necessário que nós, católicos, não só nos eduquemos em doutrina católica e ação apostólica, mas divulguemos com firmeza, com continuidade, com sabedoria, a necessidade de purificarmos uma política consciente e consistente, a fim de nos libertarmos destes politicalhos que só pensam em ser eleitos para ganhar uma fortuna e para comparecer na câmara ou no senado, como disse alguém na Folha de S. Paulo do dia 15.2.05, somente na "terça-feira para voltar para casa na quinta-feira".

A Política, que é a *"Ars artium"*, a "Arte das artes", não pode ser rebaixada ao nível mínimo de confiança por parte do povo, como indicou uma pesquisa recente. Somente uma política guiada pelo Evangelho irá reconquistar a confiança popular em seus representantes. Aliás, você, leitor, se lembra em quem votou para vereador, deputado ou senador?

Recomendamos o nosso livro "O Eco político do Evangelho", da LTr Editora, que foi elogiado pelo Pe. Avila, da Academia Brasileira.

5. TRABALHISMO

O tema é "eterno", mas suas condições e os empecilhos para o seu justo funcionamento têm variado através dos tempos.

JESUS, tendo sido trabalhador durante 18 anos ("Não é ele o filho do carpinteiro?"), trouxe uma solução. Infelizmente, os próprios católicos ou não vêem, ou não querem ver, tal solução, porque ela os incomodaria demais em seus procedimentos.

A visão errada e individualista do trabalho levou e levará sempre a humanidade à famigerada "luta de classes", fruto do sistema capitalista que coloca o capital-coisa acima do trabalho-ação humana, e do comunismo que, materializando o trabalho, explodiu em "campos de concentração" e o levou ao fracasso e à extinção.

Hoje, o neoliberalismo, filho "bonitinho e enfeitadinho" do capitalismo, difunde uma atitude também materializante do trabalho.

Conseqüência: o trabalho virou coisa, o salário virou preço e o trabalhador virou máquina e escravo.

O boi e o burro também trabalham, mas nada falam; o operário também trabalha, mas não tem voz nem vez de voto; virou boi.

Claro que está havendo atualmente uma grande reação contra esta situação. E é nesta onda de valorização do trabalho que vai firme e radical a Doutrina Social Católica, que tentaremos expor.

Comecemos por lembrar que tal neoliberalismo, seguindo ainda o capitalismo, levou a humanidade a aceitar ainda hoje a idéia de "classes".

Classes estas que "classificam" os homens de acordo com o tipo de trabalho que fazem, esquecendo-se de que qualquer tipo de trabalho está estruturalmente unido, necessitado, dependente de outro ou de outros tipos de trabalho. Com isto se ressalta a dignidade de qualquer trabalho humano e se encaminha para o "mundo do trabalho" que mata as tais "classes" e fraterniza todos os tipos em um "mundo" interdependente e necessariamente fraternal. O intelectual escritor precisa do tipógrafo que imprima o seu livro, e da livraria que o venda, e do propagandista que o divulgue, e do banqueiro que guarde o lucro de tal venda. É todo um "mundo" que se não for bem unido não atine o objetivo principal e motivador de toda esta trama.

E onde se encontra a causa de tanta discórdia e de tanta luta entre todos os componentes de tal "mundo"?

Primeiramente no próprio conceito errado do que seja trabalho.

O tema "trabalho" é de tal maneira importante que o Papa João Paulo II escreveu uma Encíclica, a "Laborem exercens", onde logo nas primeiras páginas ele afirma: "O Trabalho é a causa essencial de todos os problemas sociais". Afirmação importantíssima que deveria ser mais meditada e levada a sério por toda a humanidade.

Nesta sua encíclica, ele faz a distinção entre o aspecto objetivo e subjetivo do trabalho.

Com o advento e crescimento da tecnologia, hoje muitos "trabalhos" são executados por máquinas tão automatizadas, ou até autômatas, que o homem só tem o trabalho de ligar um botão elétrico e elas operam sozinhas.

Neste caso o trabalhador é um mero espectador do trabalho objetivo da máquina.

MAS... quem construiu tais máquinas automatizadas, ou esse robôs? Claro que elas não se fizeram a si mesmas, mas foram as mãos de trabalhadores especializados uns, e simples outros.

Se é interessante tal tecnologia para uma economia globalizante e materialista, e muitas vezes despersonalizante do trabalhador que a aciona, para nós cristãos nos interessa mais o aspecto subjetivo do trabalho.

E neste sentido poderemos afirmar que o trabalho como coisa não existe, mas sim como uma "ação humana", ou, melhor ainda, como "o homem em ação."

O trabalho da máquina não tem voz, não tem palavra, não tem consciência, não tem vontade com liberdade, pois é maquinal, é material. E este trabalho-coisa da máquina não pode estar acima do trabalho como ação humana, acima do homem que trabalha e que tem voz, com vez de voto, que pode e deve participar da direção, da propriedade e do lucro da empresa.

O grande e grave problema da economia é pôr o aspecto material e o lucro acima do aspecto subjetivo, colocando o homem à margem da vida empresarial.

Daí podermos dizer que sob este aspecto subjetivo "não existe trabalho mas sim o trabalhador".

A ETERNA ATUALIDADE DO EVANGELHO 33

E é neste campo que nós cristãos temos que atuar, pois é aí que acontecem as injustiças que dão origem à "luta de classes".

Se o trabalho for assim tratado, as empresas se transformarão em uma verdadeira família, onde a fraternidade é realizada da maneira mais profunda do que em qualquer outro setor da vida. Pois, se a família é a unidade básica da sociedade, a empresa é a comunidade básica da sociedade. E é de comunidades fraternas que iremos construir um "novo mundo e uma nova terra".

Este fato se deve à proximidade humana e à complementação mútua dos trabalhadores diferenciados dentro de uma empresa. De preferência as pequenas e médias empresas — que aliás são as que possuem o maior número de trabalhadores — oferecem a ocasião de todos se conhecerem e dialogarem sobre o andamento e sobre os problemas internos e sociais da entidade.

Os quatro elementos vivos de uma empresa se necessitam mutuamente, a saber: o empresário, os executivos, os operários, e os funcionários.

Todos são trabalhadores: o Empresário tem o difícil trabalho de conhecer todas as articulações econômicas e sociais da atualidade nacional ou regional a fim de organizar preços, produção de acordo com os consumidores e as possibilidades reais da empresa que ele dirige.

Os executivos são trabalhadores especializados em cada um dos ramos e das etapas da produção, e que por isto se tornam chefes das várias seções da empresa e responsáveis pela atuação dos operários de sua seção.

Os operários são os trabalhadores que operam a transformação da matéria-prima em produto e que acionam diretamente as máquinas ou instrumentos de trabalho. Conforme o tamanho da empresa, também eles costumam ser especializados em seu trabalho: fundidores, mecânicos, pintores, metalúrgicos, carpinteiros, marceneiros etc.

Enfim, os funcionários, que em seu trabalho têm a função de fazer a ligação entre os vários setores, como os secretários, os atendentes, os vendedores, os porteiros, os encarregados da limpeza, os guardas de segurança, os telefonistas, etc.

Quando todos estes assumem não só a responsabilidade de realizar o seu trabalho com competência, mas de falar, de usar a palavra, a sua voz na participação da direção, da vida interna da empresa, então tal empresa assim humanizada tem tudo para progredir na realização psicológica de todos, bem como na economia e na realização do bem comum social.

Tal tipo de conjugação de trabalhadores satisfeitos é que eleva o conceito de trabalho e de trabalhadores a um nível cristão.

JESUS quer tal tipo de trabalhadores. Esta é a Doutrina Social Católica que constitui o objetivo principal da Pastoral do MUNDO do trabalho, e que acaba de vez com a famigerada "luta de classes" gerada pelo capitalismo, pelo neoliberalismo, e explorada pela esquerda materialista, resto de um comunismo falido, porque ateu.

6. SEXUALIDADE E GENITALISMO

Um ditado para começar este tema: "É melhor andar despido com inocência do que andar vestido com malícia".

Como fazer frente equilibrada e cristã diante de tanto abuso que se faz atualmente do corpo como objeto de prazer erótico?

Como em outros assuntos já abordados, a humanidade de hoje tem chegado ao paroxismo de abuso genitalista do corpo humano em seu relacionamento entre homem e mulher e até entre pessoas do mesmo sexo.

Filmes provocantes exibem tais relacionamentos da maneira a mais crua e indecente porque dirigidos não a uma união perene, pura e desejada pelo Criador, mas somente ao orgasmo genital, forte, profundo, mas sem compromissos morais de fidelidade e finalidade procriadora.

E isto exibido a crianças, a jovens imaturos como algo glorioso, cultivando desde tal idade o libertinismo. Daí resulta um aumento de prostitutas, de homossexuais, de gays que antigamente eram chamados de veados, de frescos. Daí o assim chamado "turismo sexual" que traz ao Brasil milhares de estrangeiros exploradores até de crianças.

E tudo isto aqui estamos levantando, não por um moralismo tacanho, mas por um apelo da própria natureza criada por DEUS.

É verdade que nada existe tão belo como o corpo feminino, mas tal beleza não foi feita para ser explorada pela sedução, mas para glorificar um corpo que gera vidas novas e que é um "templo de DEUS".

Como tal beleza é degradada, desfeita torna-se feiura quando a mulher envelhece no vício da prostituição.

Como aparece violento o contraste, neste terreno, entre a dignidade dos sexos chamados a colaborar com o Criador e para criar amizades e o libertinismo animalizante do genitalismo!

A linha divisória entre um e outro inclui a presença de DEUS por meio de uma moral de equilíbrio e de nobreza.

Reflitamos sobre este tema sempre tão atual, mas que hoje tem ao dispor dos maus o grande recurso de propaganda deste mal pelos meios de comunicação.

A primeira consideração cristã a ser feita sobre a essência desta realidade é a UNIDADE DA PESSOA HUMANA.

A pessoa humana não TEM corpo e alma, mas "É" corpo e alma. Nós podemos e devemos distinguir corpo da alma, mas jamais podemos dividir o corpo da alma. Uma pergunta para situar o problema: "Você pensa com o nariz?". Muitos são tentados a dizer que NÃO, e no entanto nós não tiramos o nariz para pensar! Onde está a alma? Em todo o corpo. A pessoa humana possui uma unidade essencial.

Dentro desta unidade essencial da pessoa humana é que se deve entender o que vem a ser SEXO.

Sexo vem do verbo seccionar, ou seja, cortar. Todo ser que é cortado é incompleto, falta-lhe uma parte.

Ora, o SER HUMANO é masculino e feminino. Mas esta Masculinidade e esta Feminilidade, ou seja, o Sexo de uma Pessoa não se baseia, nem principalmente, nem somente, no fato de termos corpos diferentes com membros próprios para a reprodução humana de novos filhos, mas SEXO atinge também a alma das pessoas. Existem alma feminina e alma masculina. O homem pensa de uma maneira racionalista, ele quer saber de todos os "porquês" das coisas para tomar alguma decisão e agir de acordo. Esta sua ação masculina regida pela vontade é fria, impositiva, decisória.

A mulher tem a sua maneira de pensar intuitiva; ela tem logo conclusões sem se incomodar em conhecer as razões. Ela chega ao alto sem passar pelos degraus, enquanto o homem pode ficar parado nos degraus sem chegar ao alto. Esta intuição da inteligência feminina ajuda-a ser sedutora. A vontade feminina age pela sedução, pelo envolvimento afetivo, amoroso, quente.

Concluindo, chegamos à afirmação de que alma também tem sexo, ou melhor, que sexo não pode ser restringido a genitalismo corporal, pois é toda a Pessoa Humana que é sexuada, partida, à procura de um complemento que a unifique. Daí a definição de *Duns Scotus* de Pessoa como *"Esse ad alium"*, ou seja "Ser para o outro."

Esta complementação pode ser feita ou pelo matrimônio entre um homem e uma mulher, como pode se realizar, sem a parte genital, em uma vida comunitária em que todos possuem um ideal comum. E isto demonstra que a parte genital, embora parte da Pessoa não é indispensável para a complementação, quantos solteiros vivem integrados pessoalmente sem o uso da parte genital?

Isto tudo sem falar das comunidades religiosas que têm dado à humanidade verdadeiros heróis, personalidades de alto gabarito, sábios e santos que fizeram o voto de castidade ou de amizade virginal!

Atualmente, é lastimável a confusão entre sexualidade e genitalidade. O erotismo divulgado descaradamente pelos meios de informação como cinema, televisão, jornais e revistas está animalizando o ser humano, embrutecendo-o e levando-o ao maior desrespeito histórico pela Pessoa Humana.

Como é diferente a atitude concreta do cristão que lida com o corpo humano! Os médicos que têm a obrigação de desnudar muitos dos seus doentes. Um São Francisco de Assis que, ao morrer quis morrer inteiramente despido e só vestiu um hábito esfarrapado por obediência. O próprio JESUS que na cruz foi pregado quase inteiramente despido. Os 75 milhões de moradores em colônias nudistas que obedecem a rigorosas leis de respeito e moral. Os nudistas católicos de

Paris que tiveram licença do Cardeal Feltrin de assistirem à Missa dominical em sua colônia, todos nus conforme foto e notícia da revista Informations Catholiques. O Papa Paulo VI, na praça do Vaticano, após a canonização de um missionário lazarista da África desceu as escadas para cumprimentar várias senhoras negras da nação missionada pelo santo, estando elas com os seus enormes seios totalmente descobertos.

Tudo depende da atitude interior do espírito de fé, informando o coração humano com a "gloriosa liberdade dos filhos de Deus".

Para completarmos o conhecimento da sexualidade humana, convém que enumeremos os vários graus de amor, a fim de situarmos bem as diferenças e as complementações entre sexualidade e genitalismo.

Devemos distinguir SETE GRAUS de amor, a saber:

1 — O amor consagrado, ou seja, o amor que os religiosos fazem com seu voto de castidade ou de amizade total com DEUS, sem dividir sua doação com criatura de outro sexo.

2 — O amor sacramentado — É o amor de um homem marido de uma mulher sua esposa, elevado por JESUS ao grau de um sacramento. Amor indissolúvel e abençoado com graças de DEUS, especiais.

3 — O amor cristão, pelo qual nós batizados e possuídos pela graça divina, reconhecemos a presença de CRISTO nos irmãos e os amamos na fé e na caridade cristã.

Estes três primeiros graus pertencem à faixa teológica porque supõem uma base e uma fonte e uma inspiração de fé cristã.

4 — O amor de amizade ou ideal, no sentido de sintonia entre pessoas que possuem e cultivam a mesma idéia como cientistas atômicos, como pesquisadores de saúde humana, como tecnólogos, etc., que embora sejam bem casados com seus respectivos consortes, mantêm amizade com pessoas de outro sexo dedicadas à mesma pesquisa.

5 — Amor sentimental entre pessoas que vibram com as mesmas emoções, como artistas que cantam, que pintam, que dançam, que se entusiasmam pelas mesmas paisagens, que se apaixonam pelos mesmos motivos.

6 — O amor sensual entre pessoas que se afagam com abraços, com beijos, com carinhos, com admiração das mesmas belezas que atingem os sentidos, do paladar, da visão, da audição, do tato, do olfato.

7 — O amor genital — É a união entre um homem e uma mulher que leva ao orgasmo mediante o ato genital, bem como à geração de um novo ser humano, com o encontro do óvulo feminino com o esperma masculino. Tal união está regulada por leis naturais e sobrenaturais, tendo JESUS elevado-a a uma ordem sobrenatural, a fim de que este amor não seja rebaixado a somente um prazer carnal que nos identifica com os animais.

E onde encontramos o amor sexual?

É aqui que existe a confusão entre sexual e genital.

O sexual abrange toda a esfera psicológica (amor ideal, sentimental e sensual) assim como a parte biológica (sensual e genital). Todo o ser humano é sexuado, é cortado, é incompleto e precisa de seu complemento.

Como dissemos no início: toda pessoa humana é cortada, é sexuada, ou, como disse o beato *Duns Scotus*, a Pessoa se define como *"Esse ad alium"*, ou seja, "Um ser para o outro".

Em todas as três faixas existe uma lei moral que regula o seu procedimento, a saber: uma linha determinada pelos Dez Mandamentos, abaixo da qual existe o pecado, ou seja, uma infração à voz da consciência e à Vontade de DEUS; acima da qual acontece a faixa da liberdade, do equilíbrio, da paz própria daquilo que São Paulo chamava de "gloriosa liberdade dos filhos de DEUS", e acima desta liberdade, a faixa da santidade daqueles que renunciaram ao uso das coisas com os votos de obediência, de amizade virginal e de pobreza para imitar JESUS.

7. SECULARISMO E SECULARIDADE

DEUS, CRIADOR de todo universo criado, deixou em todas as criaturas materiais, vegetais, animais, humanas e angélicas uma marca de sua presença.

Todas, cada uma a seu modo e em graus diferentes, refletem a MÃO do seu autor.

Os seres materiais, hoje, pelas ciências, são pesquisados em seus componentes mais radicais como o átomo. O próprio átomo hoje é visto em suas várias partes de neutrons, pósitrons, núcleo, etc. E além de ser visto, o átomo, levado a um desequilíbrio interno, constitui a arma mais destruidora até agora conhecida, a bomba atômica.

Os vegetais atualmente sofrem a transgenização, com isto aumentando a produção, mas afetando a saúde humana. As células-tronco que poderão em um futuro próximo melhorar a saúde humana, são hoje um grande perigo.

Os foguetes enviados ao espaço sideral poderão ser o meio de descoberta de astros com condição de vida humana e assim aliviar a superpopulação que está a ameaçar a nossa existência em nosso planeta terra. Podem também, quem o sabe, contatar outros seres inteligentes habitantes em outras galáxias. Está próxima a descoberta da levitação, isenta da força da gravidade, o que nos facilitará enormes meios de locomoção.

As descobertas feitas pela medicina já estão dando à humanidade uma sobrevida cada vez maior e uma saúde cada vez mais firme.

Todas estas conquistas, pelo fato mesmo de serem maravilhosas, estão levando muitos homens a acharem que todas as criaturas são obras humanas e que não têm em si nenhum reflexo sobrenatural de Alguém que as tenha criado e impresso no conjunto delas as marcas de uma ordem e de uma finalidade, muito bem pensadas, e que atestam e postulam necessariamente a presença de um Ser Supremo capaz de explicar a sua existência. Este é o secularismo terrenista que tenta explicar todas estas realidades como fruto de um impossível e estúpido "acaso onipotente".

A revelação de JESUS, que foi um homem bem encarnado nas realidades terrenas, nos mostra uma outra feição destas realidades. Com uma racionalidade perfeita e profunda JESUS via em todos os seres criados um reflexo, uma imagem, a presença de um Dedo Divino.

Secularidade é o conhecimento e o respeito pelas leis naturais das criaturas minerais, vegetais, animais, humanas e angélicas, mas vendo todas elas dentro de uma dimensão de eternidade, de finitude ligada ao infinito que as criou e que as sustenta no ser e que nos dá a total explicação de todas estas criaturas.

Um exemplo: nós que neste momento escrevemos ou lemos este texto, se pensarmos o que vem a ser o pensamento que nos faz refletir, tirar conclusões, entender as coisas, nós que exercemos a nossa liberdade, escolhendo, decidindo, querendo aquilo que devemos, agindo livremente, devemos nos questionar de "onde" nos veio esta faculdade de pensar, de decidir qual a origem de nossa vida, em que comemos, digerimos, nos alimentando; nós vemos com os olhos, ouvimos com nossos ouvidos, etc. Nós encontraremos a resposta dentro de nós quando percebermos o infinito de DEUS nos sustentando em todas estas atividades. Tal presença conservadora do poder de DEUS não nos tira a autonomia de todas estas faculdades, mas dignifica, fortalece, garante o uso de todas dentro da verdade, do equilíbrio, da harmonia e do progresso em nossa perfeição.

Secularidade cristã é reconhecer em toda a natureza a plenitude de ação de todas as suas leis, mas vendo tal plenitude garantida pela graça divina recebida no batismo.

O pecado original e nossos pecados pessoais, guiando-nos pelo e para o egoísmo, excluindo DEUS de nossa vida, é que traz para a história da humanidade os tristes e destruidores fatos de guerras, de roubos, de assaltos, de abusos geniais, de discórdias e inimizades.

O Secularismo, que abstrai a presença de DEUS, é próximo ou se identifica com o ateísmo, com o terrenismo que pensa que tudo foi feito por um acaso e que tudo acaba com a morte. São Paulo porém nos afirma: "Não temos aqui a cidade permanente, mas esperamos a que há e vir".

Secularidade católica compreende, aceita e respeita a legítima secularidade das criaturas feitas pelo Criador. Só se distingue radicalmente do secularismo porque reflete duas realidades *que indicam um Algo Mais ou um Alguém Mais.*

Em todas as criaturas detectamos uma Ordem e uma Finalidade. E uma Ordem em função de uma Finalidade. E isto demonstra e exige a existência de um SER INTELIGENTE e CHEIO DE AMOR, porque toda criatura que atingir a sua finalidade obedecendo à ordem vital que a rege, alcança a felicidade e o equilíbrio.

É evidente a conclusão de que o que existe no universo com tal Ordem e Finalidade supõe um PODER INFINITO para explicar as suas existências.

Nós católicos adquirimos com estas verdades a suprema liberdade de usar as criaturas, porque vemos o Dedo de DEUS nelas e, com a graça divina a nós concedida por este DEUS mediante JESUS, evitamos desrespeitar as leis da ordem e da finalidade previstas pelo Criador.

8. *EVOLUCIONISMO E CRIACIONISMO*

A beleza, a grandiosidade de todo o universo, com suas inumeráveis galáxias de astros e planetas, com a infindável quantidade de minerais preciosos e úteis ao homem, o segredo das sementes de mostarda, por exemplo, como as que eu trouxe de Israel quase invisíveis aos olhos e que, no entanto, geram uma árvore de três metros ou mais, os animais, variadíssimos de nossas florestas com instintos e sentidos apuradíssimos, os seres humanos, nascidos de um esperma e de um óvulo e crescidos com inteligência, consciência moral e liberdade espirituais, os anjos totalmente espirituais sem dependência de matéria... tudo isto constitui algo de indescritível beleza, harmonia e mistério.

Sim, de mistério, porque a nossa razão procura explicar as interrogações metafísicas, ontológicas, essenciais que preocuparam os maiores pensadores como um *Platão*, um *Aristóteles*, um *Sócrates*, interrogações como "de onde?", "como?", "para que todas estas realidades existentes?" E "porque a morte"? E o "depois dela"?

Os filósofos sérios e profundos apelaram para uma resposta que incluía e exigia a existência de um Princípio Superior, dotado de Infinito Poder, de infinita sabedoria e de infinito amor. Enfim, de um DEUS.

Atualmente, com o progresso das ciências, alguns racionalistas do iluminismo "divinizaram" tais ciências, substituindo a lógica da existência de um DEUS criador, por um estúpido e ridículo "Acaso Onipotente", totalmente fortuito e ainda mais de inexplicável, inadmissível, explicação.

De tal maneira este racionalismo iluminista influencia a mentalidade moderna que na UNESCO, órgão da ONU, em 1978, em Bruxelas, lançava para todo o mundo a "Declaração dos Direitos dos Animais", concluindo com a afirmação que deviam ser defendidos pela lei tal como os direitos do homem. E, no entanto, outros organismos da ONU propugnavam, para conter a natalidade humana, a licença (!) de cometer o aborto que em si pode ser chamado de "direito de matar ou de morrer"! Além disto propugnam por uma fecundação artificial, por uma produção em série de embriões humanos sugerindo até um Banco de órgãos! A história já começa a demonstrar o absurdo de tais medidas.

O evolucionismo de *Darwin* chega a afirmar que o Universo foi gerado por "Si próprio". Estes racionalistas que afirmam a Autogênese contradizem os seus próprios princípios, afirmam que DEUS não existe e que seria um "milagre" DEUS tirar do nada tudo o que existe. Mas, você leitor, não lhe parece que um Universo que se criou do nada por si mesmo não seja um "milagre" ainda maior do que aquele que eles querem negar a DEUS?

E a "vida"? Como nasceu a vida?

Respondem os evolucionistas com toda frescura: "Simples! Nasceu por acaso. Quatro milhões de anos, quatro elementos em estado livre, a saber, o carbono, o hidrogênio, o oxigênio e o azoto, graças a uma combinação química casual devida a uma intervenção de potente descarga elétrica que atravessou a atmosfera primitiva, deram origem à vida".

Deram origem à vida?!, diremos estupefatos, mas como é possível que da matéria, de quatro elementos "químicos" possa despontar a vida, ou seja, uma coisa que vive e reproduz e nos estados animais mais evoluídos raciocina e no homem tem a autoconsciência?!

E ainda têm a coragem de dizer que sim! "Assim como o universo, a vida nasceu por si mesma! Da combinação de elementos químicos primitivos tornaram-se aminoácidos, depois evoluíram para proteínas, daí para os tecidos, e eis que o mundo vegetal que vive, os animais que se movem e se reproduzem, e, enfim, o homem, um animal como os outros, mas que além dos outros, raciocina e tem consciência de si. Que milagre! direis!" E eles respondem com uma indulgente suficiência como se fala a crianças retardadas: "A natureza pode fazer isto!" A Natureza né? Obviamente. DEUS não!

Estas são as conclusões absurdas dos evolucionistas. Este é o fruto venenoso que leva o homem a querer independer-se de DEUS com a sua razão tida como o "patrão" do Universo. Um homem no centro não como criatura, mas como autocriado! Ele sozinho como Juiz do que é o Bem e do que é o Mal. E então estes filhos da deusa Razão, contestadores da importância de DEUS como centro, e se colocando como centro, negam a sua semelhança com DEUS, tido por nós, em nossa alma espiritual, criada e dada por DEUS ao homem e destinada à imortalidade para ressurgir um dia com um corpo glorioso. Nós estamos convencidos que DEUS tenha criado o homem como um ato livre de sua vontade. O evolucionismo atual, com o progresso das ciências, está se desmoronando. Ele não tem nenhum fundamento científico, mas é apresentado como uma verdade de fé." (resumo de um artigo da revista italiana Signo del sopronnaturale, de Guido Landolina, de janeiro de 2005).

De acordo com a doutrina católica, DEUS, segundo o cônego Lemaitre, belga, pode ter criado no início, há 15 bilhões de anos, um só átomo, tão poderoso que através dos milênios foi se transformando em energia elétrica, e depois em vapores, depois em líquido e depois em matéria, até que este mundo estivesse preparado para receber a vida vegetal, animal e humana. Nada é contra a verdade se DEUS depois de ter criado os animais, tenha se utilizado do corpo de um macaco e infundido nele uma alma criada por DEUS para ser o primeiro homem. O essencial é saber que DEUS é o autor da existência dos seres e principalmente da pessoa humana.

9. FANATISMO E RELIGIOSIDADE

Poderia colocar no título a palavra "Pieguismo" em vez de fanatismo.

Mas... expliquemo-nos.

Todo ser humano, rodeado e envolvido de tamanhas grandezas, a começar pela sua própria dignidade de Pessoa Humana e de um universo riquíssimo de criaturas diversas, procura, naturalmente, uma explicação do começo e do fim de todo este universo.

Princípio e fim, razões para sua sobrexistência, são realidades que encostam a inteligência e a pequenez de criatura nas regiões do "mistério". Quem for razoável apela logicamente para a existência de Alguém Superior como criador e conservador de toda a natureza.

O homem sente que existe um Véu encobrindo as respostas a tantas perguntas que explicariam todos os "porquês" da criatura...

ORA, se foi Alguém Superior que tudo fez, é este Alguém que irá correr o véu, jogando-o para trás, ou re-velando o sentido de tudo que existe. E como o ser humano é limitado e deve ser humilde ao reconhecer tal limitação, e por isso jamais conseguirá subir até DEUS, foi este DEUS que em seu plano primitivo já havia determinado a vinda de um "primogênito de toda criatura" e que, além de ter Sua humanidade perfeita e santa, estaria encarnando entre os homens a Pessoa DIVINA do Verbo Eterno do PAI...

Não foi portanto o homem que subiu até DEUS. Foi DEUS que baixou ao homem, dentro do seu Plano Primitivo de fazer JESUS o Primogênito de todas as criaturas.

A única re-ligião que nos re-liga com DEUS é o Cristianismo pela Encarnação do Verbo e sua revelação e salvação.

No entanto, o orgulho do homem decaído pela tentação do "sereis como deuses" acontecida com Eva e Adão, até hoje tenta por suas próprias forças e apoiando em si somente, fabricar caminhos naturalistas que o levem a DEUS. E apesar de JESUS ter dito: "Ninguém chega ao Pai a não ser POR MIM", que "Sou o Caminho, a Verdade e a Vida", muitos homens se declaram "donos da verdade" e fundam seitas que exploram ou o sentimentalismo, ou o emocionalismo, ou o fideísmo, ou a pieguice...

E aí está a raiz dos fanatismos modernos que tanto mal fazem ao equilíbrio e à harmonia interior da Pessoa humana.

E nós não dizemos isto somente de seitas que não são católicas, mas mesmo dentre os católicos pode haver e há fanatismos de emocionalismos e sentimentalismos que distoam da verdadeira fé...

Dois fatos para ilustrar tal diferença: Em Lisboa, Portugal, estando eu na catedral rezando o meu Breviário, eu vi dois grupos de senhoras. Cada qual com umas trinta pessoas, sentadas em bancos diferentes. Um grupo, rezava o rosário, e um atrás do outro, talvez uns quatro rosários, ou seja, umas 200 Ave-Marias. O outro grupo, em silêncio, esperava que elas parassem. De repente uma senhora do segundo grupo se levantou e pediu que elas parassem porque queriam rezar ao Coração de JESUS. E então este segundo grupo começou a repetir, mais de mil vezes: Sagrado Coração de JESUS, tende piedade de nós, e isso durante uns vinte minutos. Eis, quando a turma do rosário se cansou e foi pedir que elas parassem porque queriam rezar mais alguns rosários. O tal grupo não aceitou o pedido e então cada grupo, em voz bem alta, cada qual rezava, umas as Ave-Marias e as outras a invocação ao coração de JESUS. Eu comecei a rir com dó. Era uma forma de fanatismo católico! E isto diante do Santíssimo Sacramento exposto...

Um outro fato, exemplo do contrário: Em pleno regime comunista. Um sacerdote prisioneiro em uma cela de um campo de concentração, para celebrar a Missa todos os dias, sem que os guardas o vissem, levou escondido um pequeno pacote tendo algumas hóstias e um vidrinho com o vinho de missa. Como, de maldade, deixavam acesa uma lâmpada fortíssima, dia e noite, o padre escondia seu pacote atrás e acima da lâmpada. Cada dia ele se assentava no chão, abria um jornal em cima do banco, tirava uma pequena migalha de hóstia e umas gotas do vinho, colocava-as em cima de um pequeno corporal, tudo no meio do jornal e começava a celebrar a Missa que sabia toda de cor. Quando o guarda passava, o padre virava a folha do jornal, encobrindo tudo. O guarda se impressionava com o fato de o padre todo dia "estar lendo" o mesmo jornal, sem perceber o que de fato acontecia.

Vejam a diferença dos dois fatos: o fanatismo é o homem querer oferecer a DEUS aquilo que o homem quer, e a religiosidade é oferecer a DEUS aquilo que JESUS nos trouxe.

Dentro do catolicismo pode acontecer tal fanatismo com o apego a certas fórmulas de oração, com o desejo de encostar a mão numa imagem, de se apegar a procissões, a gestos com as mãos, dando mais satisfação emocional e sentimental a si próprio do que a DEUS.

Isto sem falar dos candomblés, das práticas em terreiros espíritas, em ritos de indígenas que não conhecem JESUS.

Religiosidade é o silêncio interior diante dos mistérios revelados na Encarnação de DEUS, que veio até nós. Fanatismo é apego e confiança em gestos ou ritos inventados pelos homens que não levam à fé, mas satisfazem o emocionalismo, o sensacionalismo e muitas vezes o egoísmo.

A religiosidade nos leva ao silêncio ativo do amor a DEUS e ao serviço ao próximo, à atividade apostólica.

Religiosidade nasce da FÉ que é um Dom de DEUS feito a nós, pela graça do batismo.

Fanatismo é produção humana que sai de nós com a pretensão de atingir a DEUS, mas que só atinge o nosso próprio eu e que não nos leva ao serviço da verdadeira caridade.

Religiosidade é libertação ("A verdade vos libertará"), fanatismo é escravidão ao próprio eu, com perigosas "aparências" de piedade. O pieguismo é uma das suas máscaras.

10. RELATIVISMO PERMISSIVO E VERDADES ABSOLUTAS

No fundo desta questão há confronto e até conflito entre estas duas afirmações do título; nós iremos encontrar, do lado do homem o orgulho egoísta, fruto do pecado original, e do lado do DEUS, autor de toda a natureza, a Verdade absoluta da sabedoria e poder infinito do Criador.

Existe uma relatividade legítima nas criaturas humanas pelo fato mesmo de serem criaturas finitas. Por exemplo, nem toda a humanidade é de cor branca, existem os negros, os amarelos, os mulatos; nada disto afeta a dignidade absoluta da pessoa humana; é uma relatividade legítima. Uma pessoa gosta de usar roupas escuras, uma outra gosta de claras; alguém gosta de ovo frito, outra de ovo cozido... Tal relatividade é legítima porque não afeta a essência ou as leis da natureza humana.

No entanto DEUS colocou na pessoa humana leis próprias de criaturas finitas; leis que defendem a sua estabilidade essencial, intelectual e moral e, por conseguinte, a sua dignidade.

O critério pois de julgamento da legitimidade das ações humanas tem que ser a obediência a estas leis próprias da criatura e para o conhecimento das quais DEUS nos deu uma consciência que nos adverte da bondade ou da maldade de uma ação. Infelizmente porém esta consciência humana tem que ser purificada dos desvios egoístas e errados que o pecado original nos deixou. Existem consciências mal informadas, existem consciências que foram educadas por princípios pagãos e materialistas.

Daí resultam permissividades que, em seu exagero, prejudicam a Pessoa humana e o convívio comunitário e social.

É o orgulho humano relativizando aquilo que é absoluto e imutável na natureza humana em função de algum prazer egoísta e contra o verdadeiro equilíbrio e dignidade humana.

Diz São Paulo: "A Verdade vos libertará". E liberdade é o máximo da perfeição humana. Liberdade que se define não como "fazer o que eu quero", mas como "querer o que eu devo". Ou como diz *Duns Scotus*: "Liberdade é a faculdade da vontade de mover-se a si própria por si própria", dependendo somente da Verdade que DEUS propõe como caminho da libertação.

Um outro exemplo bem ilustrativo é o seguinte: toda a humanidade, como dissemos, tem inscritos na própria consciência natural os Dez Mandamentos que Moisés escreveu em pedras, no Monte Sinai. Quando pois se fala de "Não matar", ou de "Não furtar" todo o mundo aceita e põe na cadeia ou condena à morte quem mata, ou quem furta. E, no entanto, no nono: "Não desejar a mulher do próximo", nada se diz, porque então hoje se permite qualquer relação genital antes e fora do casamento, havendo até uma classe reconhecida, a das prostitutas. E até contra a natureza, coisa que nem os animais fazem, a relação genital e "casamento" entre homossexuais!

A própria natureza se vinga de tais permissividades, espalhando a morte pela Aids que mata milhões de pessoas por ano. E não será o uso da camisinha que irá corrigir este genitalismo desregrado, mas uma Verdade Absoluta, instituída pelo próprio DEUS: "Não pequeis contra a castidade".

Verdade Absoluta capaz de salvar a humanidade é o mandamento de JESUS: "Amai-vos uns aos outros ASSIM COMO EU VOS AMEI." O Amor ao próximo é uma Lei Absoluta que espalhará a solidariedade entre os homens unidos pela irmandade universal de filhos de DEUS. É muito difícil ou impossível haver tal solidariedade sem a fé em um PAI comum. Por isto se diz que "de ateu para atoa não falta nada".

Realidades absolutas não podem ser relativizadas, principalmente quando isto se faz a favor de instintos egoístas.

Nada tão consolador e firme quando nossa inteligência, consciência, liberdade e ação são guiadas pela verdade que nos liberta.

Sabemos nós católicos que tal equilíbrio e domínio necessitam do auxílio da Graça divina que supre em nós as deficiências causadas pelo pecado original. Existe para isto não só sacramento do batismo, mas o sacramento do perdão, da penitência, da confissão ao sacerdote.

Os santos tiveram a "gloriosa liberdade dos filhos de DEUS", que os fez usar de todas as criaturas, tratando-as e nelas vendo imagens do Criador.

O absolutismo da verdade é a fonte da liberdade absoluta.

Nada existe de mal nas criaturas feitas por DEUS. O mal existe no mau uso que delas fazem os homens egoístas.

As verdades absolutas, bem vividas, nos permitem a liberdade de usar de tudo sem a escravidão ao egoísmo libertino e permissivista.

Leiamos cada dia os Evangelhos e veremos na Humanidade de JESUS o modelo de como passar na terra desfrutando de tudo cantando a glória de DEUS.

11. SUPERFICIALIDADE E FÉ PROFUNDA NA HUMANIDADE DE JESUS

Todas as criaturas terrenas possuem, cada qual, uma essência que determina a sua natureza, como também possuem suas próprias aparências.

Por exemplo: existem pessoas negras, brancas, amarelas, mulatas. Apesar da diferença de cores da pele, em sua essência, todas elas possuem a dignidade de Pessoas humanas, com sua consciência e liberdade — e isto, nelas, é essencial... Como também existem pessoas gordas e magras, pequenas e altas. O que nos define diante de DEUS é a nossa consciência e liberdade orientadas pela verdade e pela ação do amor.

Na prática religiosa, todo o nosso ser se prostra diante de DEUS, demonstrando nossa adoração, nosso louvor, nosso pedido de perdão e pedido de graças pessoais.

Para atender a esse nosso relacionamento com DEUS, existe toda uma liturgia de culto que deve elevar nosso corpo e nossa alma ao ato religioso, de religação nossa com DEUS.

Esta Liturgia usa de variadíssimos símbolos que têm a finalidade de unir os nossos sentidos corporais ao pensamento, ao amor que devemos manifestar ao nosso DEUS.

Daí a existência de sinais que devem acompanhar os atos interiores em relação a DEUS, como ajoelhar-se, curvar a cabeça, elevar os braços, colocar as mãos postas e até bater palmas...

Também os sacerdotes e bispos usam símbolos litúrgicos, como paramentos de várias cores simbólicas, como roxo da paixão, o vermelho do martírio, o branco da virgindade e santidade, a estola, símbolo do poder sacerdotal, a mitra dos bispos, símbolo de governo, o báculo, como sinal do pastor.

Mas, tudo isto como escada, como suporte dos sentidos corporais para nos colocar diante do MISTÉRIO.

E mistério nós somente contatamos com algo superior a nós, e que nos foi dado por DEUS mediante JESUS, a saber: a FÉ, recebida de graça, pela graça santificante no batismo e outros sacramentos.

Somente neste contato com o mistério revelado pela encarnação do Verbo na humanidade de JESUS, é que de fato começa e se realiza o ato Religioso, de ligação de nossa pessoa humana como a Pessoa divina da Humanidade de JESUS.

Esta é a Profundidade do cristianismo se praticado com a simplicidade e Humildade que a fé no mistério exige de nós.

Profundidade que tem várias dimensões na vida do cristão que quer progredir na santidade, a saber o tempo da Via

Purgativa em que nós, mediante muita meditação, nos esforçamos por nos libertar de nosso defeito dominante, a fim de dar lugar ao sopro do Espírito. E principalmente, em todos nós, após o pecado original, temos como maior empecilho, o orgulho e o egoísmo. Após vários anos de meditação do Evangelho e depois de muitas humilhações e penitências, da chamada "noite dos sentidos", entramos no deslumbramento e paixão pela Humanidade de JESUS. É a via iluminativa em que passamos a praticar a oração de simplicidade, desenvolvendo em nós o amor à humildade de coração e a mansidão de JESUS. DEUS nos leva então a fazer muito apostolado de evangelização, nos dando iniciativas inteiramente inesperadas por nós e que marcarão nossa vocação com um carisma de imitação de JESUS.

Enfim, para nos identificar ainda mais com o JESUS CRUCIFICADO, DEUS nos faz passar pela "noite do espírito", dando-nos o presente de sofrimentos de todas as espécies. DEUS quer então nos dar o presente ainda maior dos Dons do Espírito Santo, da Via Unitiva. Solidão, incompreensões, fracassos, doenças, desprezo até dos amigos precedem a "gloriosa liberdade dos filhos de DEUS". A Humanidade de JESUS nos aparece como o único recurso para nos encontrarmos com DEUS, com a força para a nossa Via Sacra, carregando a nossa CRUZ.

O grande perigo para os católicos atuais é ficar na superficialidade dos gestos externos, que satisfazem o emocionalismo, o sentimentalismo, mas não converte o íntimo orgulhoso e egoísta em amor e imitação da Humanidade de JESUS.

E o nosso povo brasileiro, sentimental como é, corre o perigo de ficar na exterioridade superficial de uma prática religiosa que não chega à mudança de costumes. A grande maioria dos brasileiros é batizada e até fez sua Primeira Comunhão. Por que então tanta quadrilha de bandidos que rouba, tantos terroristas que matam, tantos políticos safados, tantos casais desunidos, quantas prostitutas atraindo estrangeiros ao Brasil e sendo exportadas para outras nações? Tais pessoas não se aprofundaram na fé sobrenatural.

Quantas exterioridades, muitas vezes ridículas, se vêem praticadas por pessoas que querem talvez ser piedosas, mas são inteiramente subjetivas em suas manifestações. Por exemplo:

pessoas que pretendem fazer o sinal-da-cruz, e o fazem três vezes com gestos que mais parecem para espantar mosquitos do que realmente uma cruz. Pessoas que recitam fórmulas de oração tão apressadamente que lhes é impossível pensar no que estão lendo. Até mesmo os Salmos que tanta riqueza interior possuem são recitados como se fossem discos de uma vitrola. Outros fazem procissões como se fosse um passeio pelas ruas, outros colocam fitas no pescoço, faixas entrelaçadas no peito, uniformes de Irmandades, distintivos que demonstram o seu cargo de presidentes... Tudo isto como algo que mais satisfazem o seu ego do que louvam a DEUS.

Israel, povo que DEUS escolheu e formou para dele nascer o Messias, de tal maneira desviou-se da verdadeira piedade que, quando chegou o Messias JESUS, este "povo de DEUS (!) matou-O numa cruz".

O perigo da exterioridade, da superficialidade, comentada até por um dos Cardeais atuais é algo sempre presente na humanidade, nos católicos que não querem progredir no conhecimento e na imitação da Humanidade de JESUS.

Desavenças, inimizades, briguinhas contra a caridade sobrenatural, tudo tão freqüente nos católicos, nas comunidades, nas paróquias, tudo isto demonstra que a imitação da Humanidade de JESUS está longe de ser o objetivo de ser o Caminho da Verdade para a Vida. E JESUS insistiu dizendo: "Ninguém chega ao PAI a não ser POR MIM".

Graças a DEUS, hoje no nosso Brasil já existem grupos que, silenciosamente, se aprofundam na simplicidade e na essência do JESUS HOMEM e DEUS e trabalham sem as aparências de "carnavais" religiosos, levando o Cristo da Fé sobrenatural a muitos "pobres de espírito", que sem julgar ninguém, pedem a DEUS que dê aos católicos todos a profundidade, a alegria, a paz interior, o equilíbrio e a força para sofrer em silêncio a sua própria e pessoal Via Sacra até o Calvário e até a Ressurreição.

12. MARGINALIZAÇÃO E FRATERNIDADE

A sociedade moderna possui, como nunca na história, uma variedade de conquistas e valores.

No setor econômico, na tecnologia, na política, na cultura, na religião, na moral, nas ciências, na globalização, nos meios de comunicação e nos meios de transporte, crescem cada vez mais as conquistas.

Hoje, até muitas tribos de índios possuem televisores, rádios e celulares, mas ainda moram em tabas de sapé.

Um Brasil com 180 milhões de habitantes, com a maior área de terra cultivável do mundo, com reservas de água como nenhum outro país possui, com clima moderado e variado conforme a época do ano... possui a maior quantidade de pobres absolutos que só comem uma vez ao dia, e são 48 milhões de pessoas, enquanto os "políticos" ganham, tirados de nossos bolsos, salários que dão para empregar 40 a 50 funcionários, além de ter apartamentos gratuitos em Brasília, transporte aéreo, para passarem quatro ou cinco dias em Brasília e nas assembléias estaduais, deixando milhares de processos parados, sem discussão, sem solução para os pobres vítimas de injustiças.

Daí a gritante e injusta diferença de classes. Daí o crescimento da economia conquistada pelos trabalhadores, dando dinheiro para o governo gastar em orgias de banquetes e viagens. E os impostos aumentando cada semana, fazendo o Brasil ser o "campeão mundial dos impostos governamentais". E para onde vai todo este dinheiro? O povo que o paga deveria ter participação na aplicação de tanta verba. No entanto é marginalizado. Quantas decisões são tomadas pelos "representantes" do povo, sem que o povo participe... É a marginalização na política governamental, estadual e municipal.

Nas Universidades, os filhos de "papai rico" que poderiam e deveriam pagar seus estudos e os professores, são a maioria, enquanto os estudantes pobres não encontram vaga... É a marginalização na cultura.

Todos os dias, nos jornais, como a Folha de S. Paulo, aparecem anúncios de prédios de apartamentos novos, com jardins, várias piscinas, quatro dormitórios, salões para cinema, para baile, para jogos, enquanto crescem as favelas com barracos que desabam com as chuvas, que abrigam quadrilhas de bandidos, etc... É a marginalização habitacional, enquanto vários prédios do governo aí estão vazios!

Falando novamente de cultura, não de uma cultura sofisticada, altamente especializada, mas da mais rasteira capacidade de ler e de escrever, a quantidade de analfabetos no Brasil é de uma proporção vergonhosa diante das milhares de escolas de parede de lata, de colégios, de ginásios que se fundam em cada esquina das grandes cidades com o maior interesse de ganhar dinheiro, com professores mal preparados e com o mínimo de material escolar disponível. É o povo, sedento de saber, marginalizado por prefeitos que gastam fortunas em fazer túneis que ameaçam desabar.

Até parece que os poderosos querem conservar na ignorância o povo, para melhor enganá-lo e controlá-lo.

Quantas horas nosso povo tem que esperar sua condução na fila de ônibus! Porque os governos não decidem investir em ferrovias, que, além de mais baratas, são mais duráveis e mais rápidas?! É a marginalização do povo que trabalha e já não tem mais tempo para dormir e descansar.

O que falta em tudo isto?

Falta respeito pela pessoa humana.

Falta fraternidade cristã. Falta fé em um DEUS que nos fez todos irmãos, filhos de um mesmo PAI que por nosso amor se encarnou em JESUS e que morreu na cruz por todos nós.

Que a tal da "preferência pelos pobres" não seja algo só de boca, ou só no papel, mas de fato!

Que entre as "coisas" e as "pessoas", nós católicos demos a preferência pelas pessoas, e não caiamos no "materialismo religioso" de cuidar muito de construções, de automóveis e pouco das Pessoas necessitadas, pois DEUS nos vai julgar pelo amor que tivemos na vida aos nossos irmãos, "assim como ELE nos amou" e não pelas coisas que construímos.

Renovemos em nós a disposição interior de agirmos em prol da fraternidade universal, baseada na justiça e na fé de filhos do mesmo PAI.

Peçamos a JESUS a criatividade, as iniciativas que o mundo de hoje necessita para dar condições reais para a prática da fraternidade concreta e católica.

Fraternidade concreta que começa e tem suas raízes no interior do coração iluminado e impulsionado por uma visão de fé sobre a pessoa humana como criatura amada por DEUS e tornada filha de DEUS por JESUS e por um amor de caridade, esquecida do seu egoísmo e disposta a se abaixar para servir ao irmão necessitado.

Nesse sentido é que nasceram os hospitais criados por São Camilo de Lelis, que os camilianos dirigem com eficiência e carinho; as Filhas da Caridade de São Vicente de Paula, as religiosas de Santa Teresa de Calcutá; os milhares de voluntários que se dedicam à Pastoral da Criança de Da. Zilda Arns... e centenas de outras instituições católicas, cuja lista encheria muitas páginas de um grosso livro.

E sem falar em instituições, se pensarmos em pessoas particulares que atendem aos pobres, aos doentes, aos idosos, aos inválidos, e o fazem anonimamente.

Fraternidade é compreender que a pessoa humana só se realiza quando se convence que a sua própria natureza, criada por DEUS, é SER PARA O OUTRO e que por isto, O OUTRO FAZ PARTE DO MEU EU, e que quanto mais cada um de nós se doa ao próximo, com alegria, com carinho, com prontidão, tanto mais o nosso Eu cresce e se realiza.

Instituições de caridade, organizadas para tal serviço ao próximo, que contam com pessoas sem este espírito de fraternidade cristã, acabam virando "pensões de solteirões ou de solteironas" que dão péssimo testemunho perante o povo cristão.

Lembremo-nos também da fraternidade realizada no setor de formação cultural e espiritual, cuja finalidade é manter firme e progressivo o espírito de oração, de santificação e de apostolado. Fraternidade profunda que une os seus membros em torno do amor a JESUS CRISTO e que exige uma fidelidade e uma continuidade perseverante e exigente em sua progressividade.

Em um mundo atual tão cheio de ódio, de divisões, de guerra, de terrorismos organizados, somente o testemunho de uma fraternidade cristã poderá vencer uma globalização da tecnologia colocada a serviço do domínio de uma classe sobre as outras, de um economismo fanático pelo "deus" do dinheiro.

Que a Virgem MARIA SANTÍSSIMA gere este JESUS em nós!

13. LIBERTINISMO E LIBERDADE

Logo de início façamos uma distinção que define estas duas realidades, mostrando pela raiz a essência de uma e de outra.

Santo Tomás de Aquino e o franciscano bem-aventurado *João Duns Scotus* divergem ao definirem a liberdade humana. *Santo Tomás* diz que a liberdade é a faculdade da vontade de escolher ente duas opções. *Scotus* porém vai mais a fundo e diz que "liberdade é a faculdade da vontade de mover-se a si própria por si própria" e que a escolha entre duas opções já é uma aplicação posterior da vontade movendo-se por si mesma.

Devemos então dizer que a liberdade é "querer o que eu devo" mas não "fazer o que eu quero". Isto nos mostra a responsabilidade e a nobreza da liberdade que deve estar sempre de acordo com a verdade. Pois querer algo errado ou mentiroso é escravidão. "Quero porque quero" diz aquele que já aprendeu o que é amar. E quanto mais for a verdade o motor de nosso querer, mais liberdade teremos. É a "gloriosa liberdade dos filhos de DEUS", no dizer de São Paulo. Liberdade e verdade devem sempre andar de mãos dadas, bem juntinhas. E se no plano natural isto já é uma verdade, mais ainda quando vivemos no plano sobrenatural de filhos de DEUS tendo a Fé e a Esperança nos guiando para a caridade.

As pessoas que "fazem o que querem", se guiadas pelo egoísmo e pelo pecado original que está dentro de todos nós, caem no libertinismo que é a maior farsa da verdadeira liberdade, ou a destruição da liberdade autêntica.

É este libertinismo sedutor que está levando a juventude ao despudor do abuso genital e aos milhões ou bilhões de aidéticos, ao uso imoral da camisinha, ao terrorismo, às drogas, à dissolução da família, ao desrespeito pelo matrimônio, ao divórcio, à roubalheira dos políticos, à infidelidade aos compromissos.

O lema da bandeira de Minas Gerais: *"Libertas quae sera tamen"* — "Liberdade embora tardia" nos chama a atenção para a dificuldade da conquista da verdadeira liberdade.

Os santos são os heróis da liberdade cristã.

Guiados e sustentados sem dúvida pela graça divina, os santos deram livremente tudo de si para seguirem o árduo caminho da cruz, do sofrimento, da humilhação, do esquecimento de si, do apostolado, do estudo, da compreensão dos sinais dos tempos como manifestação da Providência divina que dirige a história, da palavra falada da pregação, e da palavra escrita, da difícil formação de comunidades integradas pela fé E tudo isto como atos da mais perfeita liberdade humana e cristã.

Doação que liberta, escravidão de amor e de fidelidade à Palavra de DEUS e à encarnação Deste em JESUS. Algo de celestial, algo da glória eterna do céu existe na gloriosa liberdade dos filhos de DEUS.

14. POLÍTICA E POLITICISMO OU POLITICALHA

A Política é chamada de *"Ars artium"*, a "Arte das artes".

A palavra política, vinda do grego "polis", cidade, e "tikaiousine", justiça, define bem o que deve ser a política: a justiça na cidade.

Direitos e deveres constituem o objeto da Política.

Se quisermos situar a política no contexto geral humano, nós a encontraremos na seguinte posição: 1. a Fé; 2. a Moral; 3. a Cultura; 4. a Política; 5. o Social; 6. a Economia; 7. o Financeiro.

A Política, tendo como objeto os direitos e deveres dos cidadãos, deve submeter-se a uma moral natural e cristã que aponta quais são estes direitos e deveres. Por sua vez, a Moral para ser seguida e respeitada deve apoiar-se e inspirar-se na Palavra de DEUS, por nós recebida pela Fé, pois tendo nós o peso do pecado original, a nossa tendência é colocar o nosso egoísmo na defesa de nosso eu e caprichos acima dos direitos e deveres que temos de respeitar nos outros. E aqui surge a economia mal entendida a solicitar uma primazia dentro de nossos interesses de bem-estar, de prazer, de comodismo. E, o pior de tudo, a ambição de ter sempre mais dinheiro, que é a alma do financismo. E aí, se os políticos, vereadores, prefeitos, governadores, deputados, senadores, ministros, juízes e presidente da nação, todos eles colocados em posição privilegiada, começarem a adorar o falso deus do dinheiro, chegando até a legislar aumentos de seus próprios salários e esquecerem o povo que deve ser por eles defendido, então será o maior descalabro para a população e para a nação; tudo ficará de "cabeça para baixo", em uma inversão perigosa e tentadora de uma revolta popular com a mão armada de uma revolução. E aí, adeus à moral, à cultura, à justiça e até à fé em DEUS.

Ao contrário, se cultivarmos a educação para a justiça social, então a "paz que é fruto da justiça" (*Opus justitiae pax*) trará progresso.

Que tristeza, então, vermos políticos, por nós eleitos, abusarem de nós, roubando o nosso dinheiro pelos altíssimos impostos.

O posto de evidência dos políticos, a ele alçados pelo nosso voto, põe então em vergonhosa evidência a sua canalhice e politicalha, ou melhor a sua "policanalhada". Perguntemos a estes tais se a sua consciência diante de DEUS pode estar tranqüila.

15. TECNOLOGIA E TECNOCRACIA

A velocidade com que nossa era está progredindo é algo até difícil de acompanharmos. Em grande parte isso se deve à rapidez das descobertas e invenções da tecnologia e que influencia demais o relacionamento entre os seres humanos. Esta mudança de relações pode ser para melhor como para pior, dependendo do uso que se faz de tais conquistas.

É-nos até difícil imaginar um *Aristóteles* vendo televisão, um *Platão* andando de avião, um *Sócrates* falando em celular, ou mais perto de nós, um *Francisco de Assis* escrevendo em computador, ou um *Galileu Galilei* voando de foguete até Marte.

Creio que dentro em breve os automóveis serão objetos de museu, quando nós homens descobrirmos os princípios de levitação que nos libertará da atração da gravidade. Em breve estaremos nos deslocando em discos voadores que, faz tempo, já se liberaram da gravidade e se deslocam quase com a rapidez do pensamento. Poucos anos atrás a molécula era a menor parte da matéria; hoje o átomo, infinitamente menor, já se decompõe em núcleo, em pósitrons e neutrons.

Todas estas conquistas dos segredos ocultos na natureza criada por DEUS, além de nos demonstrar a existência de um Criador da ordem e da finalidade de todo o ser criado, são conquistas que podem e devem auxiliar a humanidade a ter vida pessoal, relacional, comunitária e social mais positiva e benéfica.

A tecnologia não é uma criação humana, mas é uma descoberta de forças criadas por DEUS e que nós homens estamos descobrindo e utilizando para nosso bem.

Por que então, o egoísmo e o orgulho, frutos do pecado original têm levado os homens a se utilizarem de tais conquistas para dominarem uns aos outros e levarem a humanidade a ter mais de um bilhão de pessoas, e entre estes, os 6 bilhões de habitantes a estarem em uma situação de absoluta miséria?

Por que alguns orgulhosos e poderosos estabelecem no mundo regimes de uma tecnocracia escravizante da qual dificilmente os pobres conseguirão se libertar?

Isto acontece pela falta de moral, pela falta de fé em DEUS, PAI de todos, pela falta de visão de fraternidade e pela queda na tentação do "sereis como deuses" que fez Adão e Eva caírem de sua dignidade de filhos de DEUS.

Aprendamos a usar das conquistas da tecnologia para o bem de toda a humanidade e não para cultivar a predominância de alguns poucos.

16. NATURALISMO E NATURALIDADE

A Natureza da qual nós humanos fazemos parte principal e de importância de alcance eterno é tão bela e rica em sua variedade, que constitui objeto de nossa contemplação, de nosso estudo e de nosso uso cotidiano.

A beleza dos minerais em sua indefinida variedade, qual se contempla na segunda coleção de pedras do mundo, existente na Universidade de Minas e Mineralogia de Ouro Preto — MG, é algo capaz de ocupar os nossos olhos durante dois a três dias, se quisermos ver um por um todos os exemplares: é algo que nos faz logo pensar em um seu autor de infinito poder e beleza.

Ser-nos-á impossível descrever ou conhecer a infinita variedade de vegetais existentes, entre árvores, flores, frutos, legumes, ervas boas e outras venenosas. Infelizmente nós nos utilizamos diariamente dos vegetais em nossa alimentação, na ornamentação de nossos ambientes, e corremos o risco de não vermos neles o dedo de um autor daquele colorido, daquele perfume, daquele paladar apetitoso.

Entre os dinossauros e as formiguinhas, de tamanho tão diverso, entre as vacas que nos fornecem o leite e a carne, entre os cachorros que defendem nossos lares e os cavalos que nos oferecem a montaria, entre os macacos que quase falam e as aves que voam, os reinos animal e vegetal nos dão testemunho da vida, como um eco de um grande autor da vida.

E quando contemplamos a nós mesmos, humanos dotados de uma consciência, de uma inteligência, de um pensamento, de uma liberdade capaz de amar, de uma pessoa com a profunda unidade entre corpo e alma, quando sabemos que tal pessoa é imortal, atravessando o portal da morte para a ressurreição eterna, nós, mais que os minerais que são vestígios de DEUS, mais que os seres vivos que são sombras de DEUS, descobrimos em nós a imagem de DEUS; deveríamos exclamar como Santa Clara de Assis ao morrer: "Eu vos dou graças. Senhor DEUS, porque me criastes!"

Sabemos ainda da existência dos anjos, puros espíritos que nos guardam e que adoram a DEUS nos céus...

Todo este contingente forma a natureza criada, tendo como "primogênito de todas as criaturas" a JESUS.

Contemplar toda esta natureza criada, com os olhos puros e humildes, é praticar a virtude da naturalidade. Um São Francisco de Assis é, ainda hoje, o grande exemplo e mestre desta pureza de coração no trato com a natureza criada.

Como é diferente o trato naturalista que muitos fazem com a natureza. Sentindo-se orgulhosamente "donos" da natureza, servem-se dela com o abuso próprio do egoísmo, sem o respeito que cada criatura exige pela sua própria essência, violando assim os limites do equilíbrio do seu uso.

É o abuso do prazer carnal, transformando a mulher em objeto, sem o vínculo do amor e da finalidade da procriação; é a gula que faz a pessoa comer demasiado, mais pelo gosto do que pelo dever de alimentar-se; é a preguiça que nos prende ao leito para dormir o máximo possível; é o prazer de olhar cobiçosamente os corpos nus fomentando a libido; é o exagero da bebida alcoólica levando o beberrão à tonteira e ao embriagamento; é o prazer de ouvir as piadas mais sujas; enfim, é a escravidão da inteligência e da liberdade aos vícios de toda as espécies.

Este é o naturalismo condenado e deprimente da pessoa humana que se faz escrava do prazer dos sentidos.

A causa de todos estes desvios do naturalismo está lá atrás em nossos primeiros pais, Adão e Eva que, seduzidos pelo demônio do orgulho, não aceitaram as nossas limitações de criaturas e tiveram a pretensão de ser donos de sua liberdade e de todas as criaturas, domínio este reservado a DEUS criador e senhor de toda a criação. Na origem de todo naturalismo está a pretensão do "sereis como deuses". E como conseqüência o desequilíbrio interno da pessoa humana que não escuta mais a voz da consciência, nem a voz da fé trazida pelo nosso salvador, JESUS.

Quantos hospitais, quantos hospícios estão repletos de doentes e alienados, assim transformados pelo uso naturalista e egoísta das coisas, e cuja cura seria o retorno à humildade e à moderação.

17. SERVIR A E SERVIR-SE

JESUS disse de Si esta bela norma: "Eu não vim para servir a Mim, mas para servir". Servir ao próximo e servir ao PAI.

É o amor que se esquece de si e se doa ao irmão e a DEUS.

Dada a sutileza do pecado dentro de nós é importante que desconfiemos, com toda a humildade, de nossas intenções ao agirmos em favor de alguma causa. A maior causa a que nós podemos nos dedicar é o "outro", é o próximo, é o amor, é a caridade, é o "servir a" que JESUS canonizou como a mais perfeita das virtudes cristãs.

Servir ao outro é a maior expressão de esquecimento de si próprio, de despojamento, de prática da humildade, de ação não só abençoada por DEUS, mas necessitada de DEUS, da fé sobrenatural para ser praticada.

Pois assim como a caridade é a consumação da Lei, o egoísmo orgulhoso é a consumação da esperteza sutil do pecado original.

O servir cristão autêntico descobre a pessoa de JESUS no irmão a quem serve, ultrapassando as diferenças e as antipatias e até os pecados do outro.

O servir cristão descobre no outro tanto as qualidades pessoais como as necessidades reais, na intenção de cultivar aquelas e atender a estas ...

Cite-se o exemplo de Madre Teresa de Calcutá, quando ao atender um leproso, limpando as suas chagas purulentas, ouviu de um repórter, que a observava e fotografava, a afirmação: "Irmã, por dinheiro nenhum deste mundo, eu faria uma tal coisa". Ao que ela respondeu simplesmente: "Nem eu!".

O servir cristão não se faz com o desejo ou a esperança de receber em troca alguma remuneração humana, mas somente a graça de DEUS.

Um exemplo de como o servir cristão pode ser deturpado pelo "servir-se de" é o acontecido com o célebre pregador francês Lacordaire que, ao fazer seu sermão na Catedral Notre Dame de Paris, ao ver entre os presentes uma nobre condessa que levava uma vida incorreta, caprichou nas motivações sobre a conversão. Ao terminar a Missa, ele foi procurado pela tal condessa, querendo mudar de vida. E ele, vaidoso, perguntou a ela sobre que parte do seu sermão a fez tomar tal decisão. Ao que ela lhe respondeu com toda a sinceridade: "Foi quando o senhor disse 'Passemos para Segunda parte'". Ela entendeu como se fosse a "Segunda parte da vida" e não a "Segunda parte do sermão", como ele quis dizer. Sua vaidade foi humilhada pela graça divina de um mau entendimento (ou bom!). Ele quis "servir-se de" quando devia somente "servir a".

Outra fina distinção a ser feita neste particular é a que distingue bem "coisa e pessoa". É claro que as "coisas" foram feitas para a pessoa e não a pessoa para as coisas... Mas entre uma necessidade urgente de uma pessoa, esta tem preferência sobre a coisa, mesmo que tal coisa seja necessária para a pessoa. Por exemplo: não se deve deixar uma pessoa doente com as pernas suspensas no ar para ir ligar ou desligar a televisão. A pessoa do doente tem a preferência em relação à televisão, Não é correto deixar de falar com uma pessoa para apanhar no varal um pano de chão, quando isto poderia ser feito perfeitamente depois.

Na base do "servir" cristão está a atitude de fé que descobre no irmão a pessoa de JESUS. "O que fizestes ao menor de meus irmãos foi a Mim que fizestes", disse JESUS.

A palavra servir lembra a qualidade de servo. E o servo obedece ao seu dono. O perigo de alguém ao servir ao outro é de sorrateiramente transformar este serviço em domínio, no sentido de trazer o outro dependente de seu serviço a ponto de transformar este outro em uma tela onde imprime a sua personalidade, sem auscultar as características próprias deste outro. O gosto pelo domínio é tão arraigado no coração humano escravo do pecado original, que se torna a nós necessária a graça divina para imitar JESUS que "veio para servir e não para ser servido". Ele que, como Filho de DEUS, transformou sua autoridade divina em salvação e santificação dos homens. Os "outros" que somos nós seus servos fomos por Ele transformados em seus "senhores" a ponto de Ele dar a sua vida com a morte na cruz por nós.

Como escapar deste domínio do outro pelo "serviço" a ele prestado?

Continuando sempre prestando-lhe favores e purificando tal serviço, transformando-o em caridade guiada pela fé, e superando os choques de personalidade entre quem presta o serviço e quem o recebe.

Como é que vocês pais e mães tratam os vossos filhos? Obediência, do latim *"ob-audire"*, é escutar os apelos das qualidades que o Criador colocou nos filhos, e exercendo a autoridade (autor — do verbo *augeri*), que cria para o filho as condições para ele cultivar a vocação e sua personalidade.

Como é que você cristão serve a DEUS e não somente se serve de DEUS? O que você faz que seja realmente um serviço, uma doação de si mesmo a DEUS? Ou você só pensa em receber de DEUS e dos santos favores de saúde, de emprego, de um bom casamento, etc.?

Você operário, você faz do seu trabalho um serviço ao seus irmãos pela produção de suas mãos, ou só pensa em servir-se dele para ganhar o salário, Sem nenhum amor à sua profissão e sem pensar no "outro" que vai se utilizar do seu produto?

Você professor tem consciência de estar servindo aos seus alunos ou está se servindo deles para se gabar diante da ignorância deles, ou, pior, só para ganhar?

Este problema do "servir" e do "servir-se de" inclui as atitudes do direito e do dever. Se um enfermo em um hospital tem o direito de ser servido pelo médico e enfermeiro, tem também o dever de servir, dando-lhes a ocasião de cumprirem com seu dever de "servir a".

Se em uma paróquia os fiéis têm o dever de ir à Missa dominical, eles têm o direito de ser servidos pelo vigário com uma atenção diária.

Direitos e deveres de servir e de ser servido devem ser exercidos com respeito, com amizade, com carinho, com a difícil virtude perfeita da caridade cristã. Não nos deixemos vencer pelo "financismo moderno".

Neste terreno de servir são vitais e decisivas a presença e a influência da fé no "mistério" do humano, pois de todas as criaturas, a que mais solicita em nós o naturalismo é o homem. Diante do "outro" o nosso "eu" em seu relacionamento reage logo com uma aceitação gostosa e simpática ou com uma rejeição de antipatia. E nem uma nem outra constitui fundamento para o "servir". Se em nosso olhar para o próximo não estivermos com o olhar da fé no mistério da presença de CRISTO neste "outro", dificilmente escaparemos da simpatia ou antipatia egoísta e subjetiva.

É um outro mundo, este mundo sobrenatural, que nos faz passar por cima de todos estes naturalismos a respeito do próximo.

Quando JESUS disse: "EU vim para servir", ele estava dizendo que era ELE. Se nós tivermos o CRISTO em nós, então saberemos servir e não querer ser servido.

Mas, o mesmo Jesus nos disse: "Será que encontrarei fé em Israel?".

18. RACIONALISMO E FÉ SOBRENATURAL

A Verdade é algo absoluto e que nossa razão procura para contemplá-la e vivê-la. Ela existe nas realidades dos vários reinos da criação.

Dois mais dois será sempre quatro e jamais poderá ser cinco. De uma semente de abóbora jamais poderá nascer uma laranja. Um filhote de leão jamais poderá ser uma lagartixa. De uma macaca jamais poderá nascer um homem.

A Verdade é a realidade absoluta dos seres.

Como descobri-la? Esse é o trabalho da nossa razão.

Descobri-la e vivê-la é conquistar a liberdade, pois nos diz São Paulo: "A verdade vos libertará". O erro é a pior das cadeias.

E quando se trata da verdade moral do nosso procedimento, temos de auscultar a consciência que o Criador nos deu regida pelos Dez Mandamentos que são as Leis naturais da verdade moral.

A razão, neste trabalho de descobrir a verdade, trabalha com silogismos que a sã filosofia nos ensina para que a nossa vontade possa vivê-la, trazendo para o homem o verdadeiro progresso em sua humanização e perfeição.

Todas as ciências humanas, comprovadamente verdadeiras, foram resultados deste trabalho da razão.

A nossa razão não fabrica a verdade, mas descobre-a. Nossa razão é escrava da verdade e não a sua dona. Isto porque a criação foi feita por DEUS CRIADOR e não por nós criaturas humanas. Isto também porque humana. A própria razão humana pode comprovar a necessidade da existência de um Ser Sobrenatural que tenha dado origem à criação, porque descobre nesta criação um sentido de ordem e finalidade que supõe um Alguém que seja a origem de tudo... Porque do nada, nada se faz e o acaso onipotente não existe.

Como então conhecer as realidades íntimas deste alguém sobrenatural se Ele mesmo não SE revela, ou seja, tirar o véu da sua natureza e vida superior? REVELAR é comunicar um mistério que em sua realidade só pode ser participado por nós criaturas mediante um Dom sobrenatural participativo que é a fé na palavra de Deus. E tal comunicação, os mistérios divinos, nos foi feita por JESUS, que é o VERBO divino encarnado.

JESUS, comprovando a sua divindade pela sua RESSURREIÇÃO, após sua morte na cruz, pode e deve exigir de nós a aceitação das realidades e verdades sobrenaturais de toda a sua vida divina.

O único e sério obstáculo a esta aceitação é o orgulho humano, fruto do pecado original do "sereis como deuses".

Nossa razão e nossa vontade só têm a lucrar se recebem com humildade e amor esta revelação divina. A razão se ilumina e recebe explicações de tudo que constituía um mistério para seu entendimento, e a vontade cresce em liberdade e amor ao receberem a graça divina.

Não existe pois contradição entre fé e razão.

Somente o racionalismo obtuso é que não quer se curvar diante de algo que só lhe pode trazer solução para novos horizontes salvadores.

Repetimos aqui a palavra de Santo Ansellmo: *"Non intelligo ut crefam, sed credo u inteligam"* (Eu não entendo para crer, mas creio para entender).

DEUS E O HOMEM

SENHOR, coloca-me em Vossa presença! Fala em meu coração Quem sois Vós, porque o que eu sei de Vós é somente aquilo que Vós me ensinais. E quem sou eu para falar algo de Vós? Eu, uma criatura vossa, ingrato diante de vossos favores; estulto diante de vossa grandeza, infiel diante de vossas promessas; indigno diante de vossa santidade, não posso ter a pretensão de Vos conhecer por mim. Se vós não Vos apresentar a mim, eu continuarei a Vos ver como infalível, como inefável.

Vós sois o INFINITO: o Ser ao qual não falta nenhuma das perfeições possíveis de existir e que supera tudo aquilo que pudermos lhe atribuir. Esta superação é como um abismo entre o Tudo e o Nada. Vós estais infinitamente além de toda a nossa imaginação e entendimento. Jamais esgotaremos dentro de nossa pequenez, a grandeza de Vossa essência. Nem na eternidade do céu, onde já não existe mais o tempo, nossa felicidade será cada vez maior e jamais chegaremos ao fundo de Vossa infinidade. Sereis sempre O MISTÉRIO repleto de luz, de sabor, somente participado pelo Dom da glória que supera aquele Dom da graça santificante que recebemos na terra e que nos fez Vos conhecer pela Fé na Palavra do Filho, do Verbo encarnado na humanidade de JESUS.

Somente em JESUS soubemos que sois um na Vossa Natureza divina e Trino em Vossas Pessoas. Vossa simplicidade infinita faz com que vossos dois únicos atos internos à Vossa essência sejam a origem da trindade de pessoas, a saber: O PAI contemplando o seu ser, pensando em si gera a Pessoa do FILHO, que por ser a expressão do pensamento do PAI é chamado de VERBO, ou PALAVRA falada pelo PAI, e que ao SE amarem com um amor infinito geram o sopro santificador, que por ser a expiração deste amor é denominado Espírito Santo, o Verbo é a sabedoria que o Pai tem de si e o Espírito Santo é a caridade entre o Pai e o Filho. Sabedoria e caridade infinitas personificadas, realizando assim a Trindade de pessoas em uma só Natureza Divina.

Vós Sois, ó Senhor, o DEUS que nós cremos e adoramos na fé do mistério, na esperança e na caridade. VÓS Sois o exemplo, o modelo que nós humanos devemos imitar em nossa vivência.

Fora de Vós nada existe nem pode existir, porque o infinito ocupa TUDO e não dá vaga para NADA mais. No entanto, em um outro mistério, VÓS quisestes comunicar esta Vossa Felicidade a alguém além de VÓS. Alguém que não existia nem podia existir por si mesmo. O PODER de Vosso AMOR partiu para a grande e magnífica aventura da criação. Tirar do abismo do NADA seres inteligentes e livres que pudessem participar de Vossa Natureza e Vida Divinas. Seres finitos participando de algo infinito, mediante uma graça divina concedida a nós por Vosso amor. Anjos e Homens surgiram no universo. E para estes seres criastes todo um mundo onde habitassem. Para nós humanos Vós criastes vestígios Vossos nos minerais e materiais, sombras Vossas na vida dos vegetais e animais, imagens Vossas nos homens dotados de uma alma espiritual e nos anjos, e filhos Vossos nos cristãos batizados.

É a expansão de Vosso amor todo-poderoso...

E nesta expansão amorosa, Vós quereis manter a Vossa PRESENÇA.

Presença de humildade das criaturas e de Vosso amor divino. E para isto em Vosso plano primitivo e total, Vós quisestes vos encarnar na Humanidade de JESUS CRISTO.

E o que São Paulo nos fala em sua Carta aos Colossenses 1,15-20:

> Ele é a imagem do DEUS invisível, o primogênito de toda a criatura.

Nele foram criadas todas as coisas nos céus e na terra, as criaturas visíveis e invisíveis, tronos, dominações, principados e potestades; tudo foi criado por ele e para ele. Ele existe antes de todas as coisas e todas as coisas Nele subsistem. Ele é a cabeça do corpo da Igreja. Ele é o princípio, o primogênito dentre os mortos, de

maneira que tem o primeiro lugar em todas as coisas.
Porque aprouve a DEUS fazer habitar Nele toda a plenitude e serem reconciliadas por Ele que restituiu a paz ao preço do sangue de sua cruz, todas as criaturas, tanto as da terra, como as do céu."

Este é e sempre foi o Plano de DEUS: ao querer criar fora Dele toda uma criação, Ele pensou em primeiro lugar no homem JESUS, ao qual uniu a Sua divindade na Pessoa do Verbo.

Ó SENHOR, como são insondáveis os vossos arroubos de amor!

Eu tão pequenino, nós tão pecadores sermos tão amados por Vós!

Vejamos o que dizem alguns dos salmos:

Salmo 144: "Ó meu DEUS, meu rei, eu Vos glorificarei e bendirei Vosso nome pelo séculos dos séculos, Dia a dia quero bendizer-Vos e louvar o Vosso nome eternamente. Grande é o Senhor e sumamente louvável Insondável é a Sua grandeza. Cada geração apregoa à outra as Vossas obras. E proclama o Vosso poder. Elas falam do brilho esplendoroso de Vossa majestade. E publicam as Vossas maravilhas. Anunciam o formidável poder de Vossas obras e narram a Vossa grandeza. Proclamam o louvor de Vossa bondade imensa e aclamam a Vossa justiça. O Senhor é clemente e compassivo, longânime e cheio de bondade. O Senhor é bom para com todos. Misericordioso para com as criaturas. Glorifiquem-Vos, Senhor, as Vossas obras e Vos bendigam os Vossos santos. Que eles apregoem a glória e Vosso reino e anunciem o Vosso poder para darem a conhecer aos homens a Vossa glória e a glória de Vosso reino maravilhoso. Vosso reino se estende por todos os séculos e Vosso império subsiste em todas as gerações. O Senhor é fiel em Suas palavras e santo em tudo o que Ele faz. O Senhor sustém os que vacilam, e soergue os abatidos. Os olhos de todos em Vós esperam e a seu tempo Vós os alimentais. Basta abrirdes as mãos para saciardes com benevolência todos os viventes. O Senhor é justo em Seus desígnios e santo em tudo o que Ele faz.

O Senhor se aproxima dos que O invocam, daqueles que O invocam com sinceridade. Ele satisfará o desejo dos que O temem e ouvirá seus clamores e os salvará. O Senhor vela por aqueles que O amam mas exterminará os que são maus. Que minha boca proclame o louvor do Senhor e que todo o ser vivo bendiga eternamente o Seu santo nome."

Veja-se também os salmos 112, 110, 102, 91.

A Presença de DEUS em nós poderá ser descrita na seguinte poesia:

> Ó DEUS, vós existis e jamais poderíeis deixar de existir
> Sois o Infinito que abrange todo o finito e lhe dá razão
> Sem Vós, toda a criação não teria o seu fluir
> Nem de existir teria a mínima ocasião

> Quando medito em mim e procuro minha explicação
> Do porquê e para que devo aqui viver
> Se não Vos encontro dentro de mim, bem no coração
> Não descubro nenhum motivo para o meu ser

> Somente saio do abismo do meu nada
> Quando em Vós o meu Tudo encontro
> Quando a minha pessoa é então alçada
> E sente entre o nada e o Tudo o confronto

> Eu sou um quando pela razão me contemplo
> E sou outro quando a Tua palavra me ilumina
> Do orgulho e egoísmo sou um exemplo
> E outro quando é a fé que me ensina

> Beleza em mim e em toda a criatura
> Encontro e em grande profundidade
> Quando a mim vejo na raiz mais pura
> Que reflete a presença de Vossa divindade

> Sopro divino que tudo logo modifica
> Vossa presença a tudo dá sentido e valor
> Sobre o abismo do meu nada algo se edifica
> Quando Vossa Humanidade me dá vosso amor

Ó Altíssimo e Infinito DEUS, vós sois o oceano, e eu e nós somos uma gotinha de água mergulhados em Vós. Sem vós não existiríamos nem vida teríamos. Somos uma gotinha de vosso oceano e não somos Vós.

Mistério insondável — Criaturas dentro do Criador. Vós pensais em nós e nós começamos a existir. Eu, minha alma, nossas pessoas são um pensamento finito do Infinito Pensamento. Vós sois Amor e Liberdade infinita e nós só seremos pessoas se amarmos. Adquirir a liberdade completa de amar — eis o ideal a que nos chamastes. No silêncio da oração a Vossa voz fala ao nosso coração. Vosso Tudo me esvazia do meu eu e nos mostra o nosso Nada. Aceitar e viver este vazio de Nosso Nada é saborear o Tudo de Vosso Ser. Diminuir cada vez mais até ao chão do nosso Nada o nosso Eu é oferecer-vos o coração.

Vinde Senhor JESUS, MARIA vossa mãe Vos diz a nosso respeito: "Eles não têm mais nada". Vinde fazer em nós o milagre que nos faça dizer "Já não sou eu quem vive. É CRISTO que vive em mim".

Em nós Vossa presença pode não ser consciente de nossa parte, por causa de nossa limitação e fraqueza.

A Plenitude de Vossa presença, presença pessoal e total nós a encontraremos encarnada em JESUS.

Além de vosso plano primitivo fazer de JESUS o primogênito de toda a criatura e rei de toda humanidade, Vós unistes esta humanidade à Vossa Pessoa do FILHO de tal maneira que todas as ações de JESUS-homem fossem assumidas com a responsabilidade divina do Verbo, além da responsabilidade da vontade livre do homem-JESUS.

DEUS se fez homem para que o homem participasse de Deus em Sua natureza e vida divinas.

MISTÉRIO e a base de todo o nosso cristianismo. Somente quem contempla a grandeza e a pequenez do ser humano, criatura finita e limitada, e a infinita grandeza e majestade divina é que se extasia diante da infinita bondade e ousadia de DEUS ao se fazer homem em JESUS sem deixar de ser DEUS. Do homem, DEUS disse: "Tu és pó e em pó haverás de voltar" e DEUS quis participar deste pó!

Um DEUS que se escondeu durante 30 anos em uma obscura vilinha da qual proverbialmente se dizia: "Poderá vir alguma coisa boa de Nazaré?", e aí ficar oculto fazendo do trabalho a fonte de seu sustento como carpinteiro, marceneiro e construtor de casa. Um DEUS lutando por seu sustento, por um salário de família pobre. Um DEUS lavando pratos, varrendo casa, lavando roupa, batendo papo com seus vizinhos e amigos, freqüentando a sinagoga cada sábado e ouvindo a Palavra de DEUS, que era a Sua e não Se revelando como tal... Tudo isto é um mistério e um exemplo gritante de humildade.

Um DEUS tão humano que ao SE revelar como o Messias fez com que os seus conterrâneos comentassem com espanto: "Mas como? Ele não é um dos nossos? Como é que agora se diz ser o Messias prometido? E ameaçaram jogá-lo em um precipício. E O fizeram, um dia, falar: "Nenhum profeta é aceito em sua terra".

DEUS se humanizou tanto para ser o exemplo, o modelo para uma vida humilde, sem propaganda do seu eu, para os cristãos de todas as épocas.

É também uma lição de como nossas ações diárias adquirem valor eterno se feitas na presença de DEUS

Um DEUS encarnado em JESUS que, infinitamente rico, quis padecer a pobreza, andando a pé pelas estradas poeirentas de Israel. Padecendo cansaço e sono a ponto de dormir na barca dos apóstolos, mantendo grande amizade com os irmãos Marta, Maria e Lázaro. Um DEUS compassivo que dizia: "Tenho dó deste povo que é como ovelhas sem pastor"; que se enternecia diante da multidão de doentes e os curava com seu poder divino. Um DEUS tão humano que precisava rezar e que passava noites em oração em locais altos e solitários. Um DEUS que tirou do aperto os noivos de Canaã e obedeceu à insinuação de sua Mãe MARIA, que lhe dissera: "Eles não têm mais vinho", e atendeu-lhe, transformando água em vinho, apesar de lhe ter dito "que não chegará ainda a Sua hora".

Quanto exemplo de simpatia e humanidade JESUS nos deu, encarnando em Si a bondade divina.

E, testemunhando o máximo de amor por nós pecadores, entrega a Sua vida aos mais dolorosos sofrimentos de ser traído por um de seus apóstolos, Judas, a quem chama de "Amigo a que viestes? É com um beijo que entregas o Filho do homem?". E que, depois, diante do covarde Pilatos que O ameaçou dizendo-lhe: "Não sabes que tenho o poder de lhe tirar a vida?". JESUS lhe diz: "Não terias tal poder se não lhe fosse dado do alto!".

E que diante do bonachão e adúltero Herodes sofreu calado a humilhação, sendo coberto com uma túnica branca, símbolo de pessoa louca.

E, ainda mais, diante de Anás e Caifás é julgado réu de morte. E numa suprema e dolorosa ingratidão por parte do povo a quem tanto bem fizera, vê-Se preterido a um criminoso como Barrabás. E, que dor imensa, JESUS Se vê negado por Pedro que diante de uma servente diz, por três vezes: Não conheço este homem".

E, aproximando-se do ato final, JESUS é flagelado, depois de Pilatos ter dito: "Não encontro culpa nenhuma neste Homem".

A flagelação era feita com um chicote com duas tiras de couro de uns dois metros de comprimento, tendo na ponta ou um osso da rótula de joelho de um carneiro ou um ferrinho com duas bolas na ponta. Pela lei dos judeus os soldados só podiam dar 40 menos um golpe com tal flagelo. Foram encontradas no Sudário que envolveu JESUS, 250 feridas profundas nas costas de JESUS. Os soldados romanos não observaram a lei dos judeus sobre o número de batidas... houve vezes em que o flagelado morria após a flagelação".

Do Pretório de Pilatos até o monte Calvário a distância não chegava a um quilômetro, mas o calçamento da estreita rua era de pedras roliças e DEUS caiu três vezes sob o braço da cruz que devia pesar mais de 50 quilos. Era o peso de nossos pecados... "Não choreis por Mim, mas pelos vossos pecados e de vossos filhos", diz JESUS consolando as mulheres que choravam por Ele. Deus encarnado precisou de ajuda de Simão Cireneu, lavrador que depois ficou santo, bem como seus dois filhos, Alexandre e Rufo. Eis como DEUS paga a quem O ajuda.

Chegados ao monte Calvário que não era mais alto do que uns 15 a 20 metros, deitaram JESUS no chão sobre o madeiro e com um cravo de uns 10 centímetros pregaram-no pelo pulso direito e esticaram ao máximo o braço esquerdo para pregarem o outro pulso e, assim pregado, encaixaram o braço da cruz no tronco já plantado no chão. O nosso pecado vai dar morte ao DEUS encarnado, mas a Sua morte vai matar o pecado dos homens. O homem JESUS vai gritar: "Meu DEUS por que me abandonastes?" em um momento máximo de dor. Entrega-nos a Sua Mãe, ao dizer a João, o discípulo amado: "Eis aí a tua mãe", e a MARIA: "Eis aí teu filho", e a Nós, ladrões, e arrependidos, vai dizer: "Ainda hoje estarás comigo no paraíso!". Pois, sequioso de almas remidas pelo Seu sangue, clama: "Tenho sede". E aos que dele zombavam, disse: "Pai, perdoai-os, porque não sabem o que fazem". Queira DEUS que, no fim de nossa vida, possamos dizer como JESUS ao final: "Tudo está consumado!, afirmando que em toda a sua vida, Ele fez plenamente o que o PAI lhe ordenara, E, como ato de plena confiança, JESUS clama: "PAI, em tuas mãos entrego meu espírito!".

Depois de todo este drama, o centurião abre o coração de JESUS com sua lança e com o sangue escorrido em seus olhos, não só começa a enxergar, mas em um ato de fé clama: "Verdadeiramente este homem é o FILHO DE DEUS". A sua longa mão não só lhe deu o nome de Longinus, mas o fez o Santo Longino.

Como é importante este reconhecimento feito por Longino sobre JESUS, como FILHO DE DEUS. O Papa São Leão Magno escreveu:

"JESUS realizou assim entre as duas naturezas uma aliança tão admirável que, nem a inferior foi absorvida por esta glorificação, nem a superior foi diminuída por esta elevação. Desta forma, conservando-se a perfeita propriedade das duas naturezas que subsistem em uma só pessoa, a humildade é assumida pela majestade, a fraqueza pela força, a mortalidade pela eternidade. Para pagar a dívida contraída pela nossa condição pecadora, a natureza invulnerável uniu-se à natureza passível, e a realidade de verdadeiro DEUS e verdadeiro homem associa-se na única pessoa do Senhor. Por conseguinte, aquele que é um só mediador ente DEUS e os homens (1 Tim 2,5), como exigia a nossa salvação, morreu segundo a natureza humana e ressuscitou segundo a natureza divina. Com razão, pois, o nascimento do Salvador conservou intacta a integridade virginal de Sua Mãe, ela salvaguardou a pureza, dando à luz a Verdade. Tal era, caríssimos filhos o nascimento que convinha a Cristo, poder e sabedoria de DEUS. Por este nascimento, ele é semelhante a nós pela sua humanidade e superior a nós pela sua divindade. De fato, se não fosse verdadeiro DEUS não nos traria o remédio, e se não fosse verdadeiro homem, não nos serviria de exemplo."

E aí nós vemos também a Infinita MISERICÓRDIA de DEUS para conosco pecadores. Aos "miseráveis" (*miseris*) DEUS nos abre o Seu Coração (*Cor dare*). Como Redentor, ELE DEUS que é o ofendido pagou, para nós pecadores a nossa ofensa, a nossa dívida.

Toda esta riqueza divina e humana, DEUS quis colocar ao nosso alcance pelos sacramentos: DEUS SACRAMENTADO.

Sobretudo pela EUCARISTIA que é PRESENÇA, ALIMENTO E SACRIFÍCIO.

PRESENÇA a mais misteriosa, real e confortadora. Misteriosa em sua suprema humildade: estar realmente presente em um pedaço de pão e em algumas gotas de vinho em milhares de tabernáculos, muitas vezes abandonado e solitário pelo mundo afora, com o único desejo de estar presente dentro de cada pessoa crente em Sua Palavra.

Como ALIMENTO renovador da fé, da esperança e do amor de cada fiel que o recebe em comunhão. Ser deglutido por nossas bocas, ser digerido por nossos estômagos — para que nós nos identifiquemos cada vez mais com Sua Pessoa. Como dizia Santo Agostinho:

"Em nossa alimentação natural, nossa pessoa é mais forte que os alimentos que tomamos e os transformamos em nosso corpo, em nosso sangue e nossa carne. Na Eucaristia o alimento que tomamos é mais forte do que nós e vai nos transformando em JESUS."

E como SACRIFÍCIO, JESUS na Eucaristia se imola como na cruz, de maneira incruenta, para pagar e apagar os nossos pecados. É a repetição da morte de JESUS no Calvário. Com isto Ele quer não só nos remir, mas quer transformar as nossas dores, os nossos sofrimentos em atos de valor de redenção. Como a lembrança dos sofrimentos de JESUS nos dá força e até alegria em participar de Sua paixão!!!

Como será então infinitamente maior a nossa alegria quando estivermos desfrutando na eternidade da glória bem-aventurada do céu! Presença inesgotável de paz, de alegria, de realização total do Plano de DEUS.

Contemplar face a face o DEUS UNO E TRINO. Fazer parte da vida íntima da TRINDADE não mais envolta na penumbra do mistério, mas na visão da luz da glória. Penetrar com a inteligência iluminada pela luz divina e com a vontade afervorada pelo amor e caridade divina na essência de DEUS, sem cessar e num aprofundamento cada vez maior sem nunca esgotar a infinidade de toda a grandeza de DEUS — isto será e é algo indescritível em palavras humanas. Todas as qualidades possíveis e positivas o DEUS que iremos contemplar, Ele as tem em grau infinito.

Nada mais de negativo, nada mais de perigo de perder o conquistado, nada mais de frustrações; amizade completa com todos os bem-aventurados, encontro com todos os santos, com todos os nossos parentes e amigos que tivemos na terra. Tudo isto são descrições empolgantes, mas ainda acanhadas da própria realidade divina de nossa eternidade no céu.

Este DEUS merece todo o nosso sacrifício e dedicação nesta Vida terrena de criaturas feitas para este amor e felicidade. A recompensa de uma felicidade eterna merece toda a nossa dedicação ao DEUS que para o céu nos criou.

Para isto devemos descobrir a presença da Providência divina na história da humanidade através de cada época, principalmente na época em que vivemos.

A nossa época nos propõe uma grande dificuldade em descobrir a Providência divina nos fatos tenebrosos que a caracterizam. Aliás, esta dificuldade além de sociológica e teológica, é filosófica, a saber: como conciliar a atuação da graça divina e a liberdade humana. Até que ponto DEUS permite os abusos da liberdade de suas criaturas, para daí tirar um benefício positivo para a humanidade que Ele remiu do pecado com a morte de JESUS. Os terremotos, os maremotos, os tsunamis, as mortes por terroristas, as doenças como a Aids a dizimar milhões de vítimas, a corrupção dos políticos e de seus partidos, a quase total desconfiança do povo nos seus eleitos, as infidelidades conjugais, o abuso comercializado de prostitutas, o desemprego, os baixos salários, a economia oficial com juros injustos facilitando a roubalheira por parte dos governantes, o número incontável de pobres e miseráveis que comem um só pão por dia, as desigualdades sociais, com ricos bilionários a insultar a justiça social com seu luxo e gastos em superficialidades desnecessárias, a falta de fé em DEUS, a multiplicação de seitas e igrejolas, etc.

Será que a Providência está permitindo tudo isto para que os homens reconheçam a sua maldade e incapacidade de paz e equilíbrio? E a humanidade estará aprendendo esta lição, ou endurece ainda mais o seu coração? A Providência Divina terá abandonado a humanidade aos seus caprichos e à sua perdição?

NÃO! DEUS em sua bondade e misericórdia está suscitando, como nunca na história humana, pequenos-grandes grupos que se dedicam ao serviço santo e correto de DEUS e do próximo que já estão garantindo "novos céus e nova terra". Grupos que redescobriram a oração, a meditação do Evangelho, a contemplação de DEUS, a humanidade de JESUS como o Caminho da Verdade para a Vida divina. O Papa João Paulo II canonizou 476 santos que isto mereceram porque foram atestados cientificamente pelo menos dois milagres, um para a beatificação, outro para a canonização, ou seja, 978 milagres extraordinários em plena época moderna.

O leigo assumindo a obra de JESUS, a ascensão da mulher no serviço da Igreja e no apostolado voluntário, os inumeráveis Movimentos e Pastorais especializadas atingindo o homem moderno em sua vida concreta de político, de empresário, de trabalhador, de casado, etc. Tudo isto demonstra a Providência Divina atuando na construção de um mundo novo.

Você leitor já descobriu o que DEUS quer de você? Qual o seu lugar, qual a sua responsabilidade cristã diante de DEUS e da humanidade.

A primeira descoberta da Providência Divina é em nossa vida pessoal a mais íntima possível. A oração que fazemos revela ao nosso coração e à nossa consciência uma familiaridade com DEUS pela fé?

Nós já nos acostumamos a ver luz na escuridão que o Infinito de DEUS nos coloca, jogando-nos no vazio do abismo de nosso nada para fazer surgir em nosso interior as convicções e as atitudes e os procedimentos de JESUS em sua humanidade?

Nós nos sentimos instrumentos da Providência divina na realização do reino de JESUS dentro da história de nosso tempo? Cuidamos de nossa atualização, procurando conhecer os fatos mais importantes, tanto negativos como positivos de nossa civilização atual, para podermos estar bem aculturados a fim de respondermos com uma sábia e firme inculturação dos princípios do Evangelho?

Se nós não tivermos esta convicção de fé de que somos fatores do plano de DEUS na história, nós deixaremos um vácuo que será ocupado por alguém do reino do mal. Somos, cada um de nós, peça necessária, providencialmente, dentro do Plano da Providência Divina. Na nossa mais profunda humildade, na aceitação de nossa nulidade é que iremos compreender a importância que temos dentro da Vontade divina que dirige a história da humanidade.

Provavelmente DEUS já nos engajou em alguma missão bem definida. O que importa e não desistir dela diante das dificuldades que o mundo atual oferece como um desafio à nossa fé e caridade.

Deus guia a história através de nós

Mais uma presença de DEUS é na Natureza criada e sustentada no ser pelo mistério da conservação que é uma criação continuada.

Quanta beleza DEUS deixou naquilo que são os Vestígios de sua Mão criadora: os seres materiais, como os minerais. Que riqueza imensa e beleza extraordinária, por exemplo, existe nas milhares de pedras na 2ª maior coleção de pedras do mundo que se encontra em Ouro Preto — Minas Gerais, na Universidade de Minas e Metalurgia!! Para contemplá-la sem parar na explicação dos detalhes, mas vendo "por cima" leva-se pelo menos três horas. Cada pedra é um reflexo pequeno, mas admirável da beleza do criador.

E se voltamos nossa atenção para as Sombras que Deus deixou de Si nos vegetais, como as rosas em sua variedade imensa com sua beleza característica a cada uma e com os seus perfumes, e nas plantas comestíveis e nas frutas com seus sabores de gosto diverso, nas árvores que nos fornecem madeiras para nossas construções. Se contemplamos as paisagens de um nascer do sol, do céu estrelado, das montanhas geladas, do mar imenso dos vários oceanos, tudo isto canta a glória de DEUS.

Dos Vestígios e das Sombras de DEUS, passamos para os Reflexos dele, que são os seres vivos, os animais, desde os pequeninos e quase invisíveis micróbios e bactérias até os gigantescos elefantes, para enfim chegarmos às IMAGENS de DEUS, como somos nós seres humanos dotados de uma alma imortal, de um espírito que pensa, que ama com sua vontade dotada de liberdade. Seres humanos tão amados por DEUS que os colocou dentro de seu Plano Primitivo de encarnar-se em JESUS, o primeiro gerado na mente de DEUS, o Primogênito de toda as criaturas. Enfim, querendo que nós participássemos de Sua natureza e vida divinas, DEUS nos fez seus FILHOS pelo batismo.

E aí surgiu a *Família de Deus que é a Igreja*.

DEUS nos fala pela palavra infalível do PAPA, quando ele aborda questões de fé e moral. Nos santifica pelos sete Sacramentos, organiza esta Sua Família dando-nos os bispos que possuem a plenitude do sacerdócio, os sacerdotes, os religiosos com seus votos e vocações e carismas específicos, e os leigos encarregados diretos de fazerem a inculturação do Evangelho na vida social, econômica, cultural e política.

Eis aí a Plenitude de DEUS, autor de toda a grandeza e dos mínimos detalhes de Sua grande obra realizada *ad extra* de SI.

Cada um destes atributos divinos merece todo um livro. Aqui, porém, quisemos mostrar um conjunto de grandezas divinas para agora vê-las diante da maior obra de DEUS que é o ser humano, planejado junto com a decisão de DEUS como sombra de Jesus Cristo, o Primogênito de todas as criaturas.

O HOMEM

De onde vim? Para onde vou? Para que fui feito? Quem me fez? Como devo viver? Devo obedecer a alguma lei? O que é a consciência? O que é a liberdade? A quem devo obedecer? Existe uma moral? Existe algum objetivo superior que devo alcançar?

Tais perguntas ecoam dentro de nós na procura de nossa identificação. E as respostas a elas nos são essencialmente necessárias para definirmos nosso procedimento diante dos fatos que aparecem diante de nós, em nossa vida cotidiana. Elas estão radicalmente ligadas à nossa atitude diante de DEUS. Se cremos corretamente no DEUS a nós revelado por JESUS, o conceito de nosso próprio eu será correto. E na mesma medida em que progredirmos no conhecimento de DEUS pela fé, também progrediremos no aperfeiçoamento de nossa pessoa.

Somos uma criatura diante de um CRIADOR que não só nos tirou do nada, do não ser para o ser, mas diante de um SER que tem a plenitude do SER e que, em uma criação continuada, nos sustenta na existência, diante do abismo do nada. A poesia em capítulo anterior, ao falarmos de DEUS tenta nos mostrar esta nossa dependência de DEUS, que nós progressivamente devemos vivê-la, guiados pela graça divina.

Que grande coisa nós sermos objetos do amor infinito de DEUS! Criados do nada pelo amor divino e para este amor infinito!

A nossa essência é o amor. Nascemos do amor e para o amor. Quem ama é cada vez mais pessoa, é mais humano, e se amamos a DEUS como Ele se ama, seremos cada vez mais divinos ou divinizados pela graça que é nossa participação na natureza e na vida divina. Se não amamos, caímos na perversão do amor que é o ódio. O ódio não só leva a matar outros, mas leva à morte aquele que odeia. O uso das drogas e o terrorismo atuais são uma procura errada de um amor insatisfeito ou mal orientado. Por sermos criaturas finitas estaremos sempre à beira do abismo de nosso nada, abismo este que só será corretamente preenchido pelo amor ao Tudo de DEUS. Se preenchemos nosso abismo do nada com o amor de DEUS, começaremos a perceber que a nossa pessoa humana foi feita e é uma imagem feita do DEUS infinito. Imagem divina pela nossa alma espiritual, capaz de pensar, de entender, de ter consciência e de exercer o supremo bem criado da liberdade da vontade que é a sua capacidade de mover-se a si própria por si própria, e dizer com sinceridade: "Eu quero por que quero". E isto com motivos externos ao nosso eu e também sem motivos. E aí está toda a nossa grandeza de imagem de DEUS e também o nosso maior perigo. Seremos cada vez mais imagens de DEUS quanto mais nos decidirmos amar a Ele e aos nossos irmãos como JESUS amou.

O apóstolo João, em sua carta (1 Jo 4,77-16) nos diz:

"Caríssimos, amemo-nos uns aos outros, porque o amor vem de DEUS e todo aquele que ama nasceu de DEUS conhece DEUS. Quem não ama, não chegou a conhecer DEUS, porque DEUS é amor. Foi assim que o amor de DEUS se manifestou entre nós: DEUS enviou o seu Filho único ao mundo, para que tenhamos vida por meio dele. Nisto consiste o amor. Não fomos nós que amamos a DEUS, mas foi ele que nos amou e enviou o seu Filho como vítima de reparação pelos nossos pecados. Caríssimos, se DEUS nos amou assim, também nós devemos amar-nos uns aos outros. Ninguém jamais viu a DEUS. Se nos amamos uns aos outros, DEUS permanece em nós e seu amor é plenamente realizado entre nós. A prova de que permanecemos com Ele e Ele conosco é que Ele nos deu o seu Espírito. E nós vimos e damos testemunho que o PAI enviou o seu Filho como salvador do mundo. Todo aquele que proclama que JESUS é o Filho de DEUS, DEUS permanece com ele e ele com DEUS. E nós conhecemos o amor que DEUS tem para conosco, e acreditamos nele. DEUS é amor: quem permanece no amor permanece com DEUS e DEUS permanece com ele."

Mais que imagem, todos os evangelistas nos falam de nossa filiação divina, quer isto dizer que DEUS em seu amor para conosco nos dá a participação em Sua natureza e em

Sua vida divinas. Pela graça santificante, nós possuímos a inteligência divina pelo Dom da fé, a força divina pela Esperança e seu amor pela caridade. Virtudes teologais que nos permitem dizer com São Paulo: "Já não sou eu que vivo, é Cristo que vive em mim".

Para chegarmos a este ponto, é necessário que deixemos nosso egoísmo e permitamos a vida de fé dominar os nossos procedimentos.

Se conseguirmos tal vida, nós seremos cada vez mais "templos de DEUS". Então nossa boca falará aquilo de que o coração está cheio: seremos a VOZ de DEUS a proclamar para toda a humanidade que JESUS é de fato o Caminho da Verdade para a VIDA.

Contra tudo isto de positivo, carregamos em nós a marca profunda de Pecadores, vítimas de nossos primeiros pais que nos jogaram dentro do famigerado mistério do PECADO ORIGINAL. Nascidos para o bem, sofremos a tendência para o mal. Que retrato monstruoso a humanidade nos apresenta de crimes, de mentiras, de terror, de indignidades, de flagelos, de guerras, de inimizade e de ódio, de descrença e de ateísmo! Nem parece que fomos criados por um DEUS Santíssimo, de amor, de paz e de felicidade.

É tão tremenda tal maldade que para nos resgatar dela foi preciso a morte de um DEUS feito homem, que criado para ser o Cristo REI glorioso, tornou o REI Padecente, JESUS, o primogênito de todas as criaturas morre numa cruz entre dois ladrões. Remidos pela morte de DEUS imortal feito homem mortal. Quanto amor DEUS tem por nós!

Ao final de todo este drama, DEUS quer que nos consideremos como IRMÃOS. E a base para tal fraternidade não é somente o fato de nós homens termos todos a mesma natureza humana que nos dá dignidade e nobreza, mas, pela vontade de DEUS que quer que vivamos o amor entre nós, e que imitemos a JESUS, Ele nos deu um fundamento superior para tal fraternidade, a saber, filiação divina pela graça da participação de Sua natureza e vida divinas. Assim como o PAI gera o FILHO E NO AMOR A ESTE FILHO, ELE EXPIRA O ESPÍRITO SANTO, assim nós nos devemos amar: na fé e na caridade sobrenaturais, encarnadas em nossa vida cotidiana e humana.

E é nesta base que nós, seres humanos mas cristãos, temos a obrigação de sermos APÓSTOLOS.

LEIGO. Tal palavra vem do grego *"laós"* e significa "povo". Estamos vivendo, neste século 21, na Igreja, o tempo dos leigos como objeto de evangelização e como sujeito desta evangelização.

Vejamos então o FUNDAMENTO SACRAMENTAL DO APOSTOLADO DOS LEIGOS.

Nosso Senhor JESUS CRISTO, em seus ensinamentos evangélicos, ao incutir em nosso ânimo o amor e a prática da prudência, deixou-nos aquelas parábolas das construções feitas em rocha indestrutível ou em areia movediça. Com a primeira, JESUS nos move a termos sempre presente o conjunto de toda a construção; na segunda, realça com insistência a importância dos fundamentos.

Sabemos que a construção que queremos levantar será composta em seu todo das várias pedras de outras teses, e que cada uma de per si não constitui uma construção à parte, inteiramente independente. No entanto, para não perdermos a visão de conjunto, para não errarmos no matagal que reveste os caminhos desta montanha, cremos ser indispensável fazer um roteiro seguro que nos explicará, como uma bússola, a relação, a ligação das diversas partes da caminhada com o trecho que agora, aqui, abordamos.

Dentro desta perspectiva, traçamos para nosso tema a seguinte divisão: Na primeira parte que denominamos de Antecedentes, mostraremos o material que deverá ser colocado sobre os fundamentos que devemos apresentar, ou seja, o estritamente indispensável para compreendermos as suas relações com outros temas afins.

Em uma segunda parte, estudaremos as diversas probabilidades de se fundamentar, com o auxílio da filosofia, as diversas maneiras com que qualquer fundamento cumpre de fato sua missão de fundamentar.

Em seguida, examinaremos que bases realmente possuímos, dentro da ordem sacramental, para fundamentarem o que antes apresentamos como apostolado dos leigos. E enfim, terminaremos apresentando como tais fundamentos de fato sustentam o apostolado dos leigos.

1. ANTECEDENTES

Apresentando nesta primeira parte o material a ser sustentado pelos Fundamentos sacramentais, tocaremos única e resumidamente em três pontos de estreita ligação com o nosso tema: A. Apostolado; B. Mandato; C. Sacerdócio.

A — Apostolado

Há um princípio nas obras de DEUS que iremos observar, por várias vezes repetido nos nossos estudos, que nos mostra como, à medida que os ciclos componentes da economia divina se distanciam da fonte principal; o que era uno, simples na fonte, vai se diversificando em parcelas de participação, diversas umas das outras, cada uma refletindo uma perfeição distinta, e conservando em cada ciclo uma simetria, um paralelismo com o ciclo anterior superior. Para falarmos de Apostolado, temos primeiramente de falar do que constitui a essência do mesmo.

A essência do apostolado é ser uma "missão". Em nosso caso devemos dizer que existe, essencialmente, um só apostolado na Igreja: o apostolado hierárquico.

Esta palavra "apostolado" (de "apostolus"), como diz D. Antonio Caggiano,[1] poderia significar uma instituição ou também um estado, ou a atividade própria do mesmo, enquanto atualmente, fora do domínio teológico ou histórico crítico, o significado usual de "apostolado" se refira "a atividade própria dos apóstolos cujo chefe é o Papa". O apostolado hierárquico é, pois, o apostolado da hierarquia de instituição divina que constitui uma "missão". Esta "missão", que também é um "poder", e um magistério, ministério e regime ou governo que se fundamentam no poder da Ordem sacra e de jurisdição. Há, pois, na Igreja um apostolado que sua Hierarquia de instituição divina atua por mandato expresso e formal do Divino Fundador, em ordem à mesma vida da Igreja e no exercício de seu poder de Magistério, Ministério e Governo que lhes é próprio.

---

[1] D. Antonio Caggiano. "Fundamentos Doctrinales del Apostolado de los laicos". Leccion dada en el Congresso Mundial del Apostolado de los laicos, en Roma, el 9.10.1951, p. 26.

Este apostolado hierárquico, com as distinções em seus três poderes, é o próprio de JESUS *"missus a Patre"*, no qual este tríplice poder se encontra unido, simplificado, e do qual participa o ciclo hierárquico.

Não nos devemos demorar em minúcias sobre tais pontos, mas unicamente em conclusões. Passemos a anotar o que, em conclusões podemos dizer sobre espécies de apostolado.

1 — Consta por inegável tradição cristã a existência do que podemos denominar de "apostolado dos leigos" realizado ao lado do único apostolado existente na Igreja, o hierárquico, e com ele unido por laços especiais.

Fundamento desta união e ligação é que "a causa principal", ou a causa essencial de todo apostolado na Igreja, sempre é e deve ser a sua Hierarquia de instituição divina; se assim não fosse, o apostolado não seria da Hierarquia, não seria dos enviados de JESUS, nem da Igreja, nem de Cristo. Por isto, todo apostolado que se exerce na Igreja por membros seus que não pertençam à Hierarquia de instituição divina, para que seja legítimo e eficaz, deve se exercer atuando como "causa instrumental", subordinada à causa principal, que, no caso, é essencial a todo apostolado.

Sobre a maneira mais próxima como se relaciona este apostolado dos leigos com o hierárquico, temos somente a dizer que os leigos participam da obra da ação de apostolado, do apostolado enquanto atividade e não da missão, do mandato, dos poderes, da essência mesma do apostolado.

Pois, como diz *Alonso Lobo*, "o apostolado hierárquico compreende duas coisas: a função e o exercício desta função. Só a hierarquia possui a função que compreende e exige três grandes poderes para realizar a ação santificadora e a autoridade do governo. Mas, a segunda fase do apostolado hierárquico, a saber, o serviço da caridade, o ministério em favor das almas, não está proibido aos leigos".[2]

2 — Dentro de todo apostolado dos leigos que pode ser realmente oficial de Ação Católica, podemos ainda encontrar, bem definidas, varias formas distintas. As de caráter individual e as de caráter coletivo (que supõem e exigem o primeiro).

---

[2] Alonso Lobo, Arturo, OP. *Que es y que no es la Acción Católica*, Madrid, 1950, p. 84.

Estas de caráter coletivo, podem se revestir de várias formas de organização. Umas, as organizações "recomendadas" e "aprovadas" pela hierarquia, ainda não "pessoas jurídicas", sem caráter público em seu apostolado que por isto continua sendo de caráter privado. Outras, as "erigidas", já pessoas jurídicas, com um apostolado público.

Entre estas últimas que, *pleno jure* podem ser chamadas de Ação Católica, existe também, por vontade expressa da Igreja, uma graduação, conforme a forma de que se reveste a sua organização.

Distinguindo-se nesta graduação, encontramos então a Ação Católica "fundamental, principal", "chamada pela Hierarquia a prestar essencial e direta colaboração em seu apostolado hierárquico",[3] que "por um título especial está diretamente subordinada ao Poder da Hierarquia eclesiástica"[4] e que reveste uma "forma nova e uma organização acidental para seu melhor e mais eficiente exercício"[5] e que se distingue das demais por uma "diferença acidental, mas real".[6] Esta "forma nobilíssima de colaboração que constitui a Ação Católica"[7] possui como elemento genérico de sua definição o fato de ser "apostolado que participa do apostolado hierárquico enquanto atividade, exercício, de uma função sacra e não da própria essência ou poderes desta mesma função".

Quanto ao seu elemento específico encontramo-lo em sua forma nobilíssima de cooperação que, além de ser organizada, é "subordinada e coordenada direta e imediatamente com a Hierarquia eclesiástica".[8] e que faz da Ação Católica "o apostolado dos leigos oficial".[9]

Sobre o termo apostolado, bastam-nos estes conceitos, para que depois os relacionemos com os fundamentos sacramentais. As seguintes teses tratarão *ex-professo* do assunto.

---

[3] Estatutos A.C.I., artigo 2º.
[4] Pio XII, *Discurso na Ascenção*, 3.5.1951. REB, 1951, p. 470.
[5] *Idem*, p. 470.
[6] Caggiano, *op. cit.*, p. 43.
[7] Pio XII, Discurso à AC., 4.9.1940.
[8] Alonso Lobo, *op. cit.*, p. 131.
[9] Pio XII. *Congresso Mundial do Apostolado dos Leigos*, 14.10.1951.

B — Mandato

Necessário ainda, para depois relacionarmos com os fundamentos sacramentais, é o conceito da palavra e realidade do mandato.

1 — Mandato em seu sentido original e essencial é a própria "missão" dada aos apóstolos por JESUS, missão que, *ipso facto*, os armou de poderes, direitos e deveres especiais. O mandato apostólico acarreta para quem o recebe a comunicação dos poderes da Ordem e de jurisdição. O poder de Ordem, pela ordenação, confere o poder de confeccionar e administrar sacramentos e sacramentais.

O poder de jurisdição comunica o poder de apascentar e conduzir, por meio do magistério e do regime. Pelo magistério o ordenado possui o poder, a autoridade e o dever de ensinar, bem como o direito a que os demais aceitem e respeitem as verdades reveladas ensinadas. Pelo regime, o ordenado possui as faculdades indispensáveis para governar, seja promulgando leis = legislativo, seja julgando ações dos súditos = judiciário, seja castigando transgressores = coativa.

2 — Com o mesmo nome, mas com outro sentido, fala-se, é impossível negá-lo, em mandato, quando se menciona e se explica a relação especial existente entre a hierarquia e a Ação Católica no que diz respeito à participação desta no apostolado daquela. Pio XI e Pio XII quando ainda cardeal e o Episcopado Nacional em sua conclusão n. 3 do I Congresso Nacional de Ação Católica, o Cardeal *Caggiano* e muitos tratadistas eminentes nomeiam e aceitam a realidade do mandato.

Quanto ao seu sentido exato, cremos ser uma conclusão a ser provada em tese referente ao assunto, a que se resume na seguinte afirmação: o mandato a que se fala no Apostolado Leigo numa simples aceitação oficial, ou mais, uma autorização oficial por parte da Hierarquia do trabalho de cooperação feito pelos leigos que a ela se prendem pela forma direta e imediata de Apostolado Leigo.

Mandato não pode ser algo que confira ao leigo qualquer parcela dos poderes acima mencionados do mandato hierárquico. Somente para um tal mandato assim compreendido é que encontraremos fundamentos sacramentais, como adiante veremos.

C — Sacerdócio

Um ponto que se liga mais estreitamente com o nosso tema cujo esclarecimento prévio já nos vai fornecer material abundante para as conclusões posteriores, é o que se prende ao conceito de Sacerdócio.

Esta relação e ligação especial está no fato de este conceito incluir a um só tempo a noção de uma consagração com fundamentos sacramentais e a noção da missão apostólica do Sacerdote. Esclarecendo, pois, o conteúdo de "sacerdócio dos leigos", estaremos também em seus devidos limites e tocando de perto o âmago de nossa tese.

1 — Atualmente, no mundo teológico que cuida de estudar o tema do Sacerdócio, existem quatro correntes diversas, cada qual apresentando um fundamento distinto como fundamento específico, formal, do conceito de "sacerdócio", de "sacerdote", tanto em sua ordem hierárquica como na ordem dos leigos.[10] A escola tomista, baseando-se em *Santo Tomás*, apresenta como elemento formal do conceito sacerdote a realidade da mediação; a escola francesa apela para a realidade da "consagração": o Cônego *Masuse* fala em "amor e adoração a DEUS e amor apostólico pela salvação das almas", indicando assim o apostolado também como formalidade do sacerdócio; enfim, não poucos teólogos modernos, baseados em concílios e santos Padres, afirmam ser o sacrifício, ou a relação com os sacrifício, os elementos procurados.

Coloquemos cada um desses elementos em seu devido lugar e veremos que todos eles são elementos essenciais da definição de sacerdócio, sem haver oposição mútua, ao contrário, uma interdependência e complementação. Pois, se bem que a noção de mediação seja mais ampla que a do sacerdócio, uma vez que existem mediações de revelação que não são sacerdotais; se bem que, muitas vezes, a consagração preconizada pelos seus defensores seja encarada mais como uma espiritualidade da função sacerdotal que como uma definição; se bem que o apostolado seja mais uma descrição das atividades sacerdotais, estas três noções se interpenetram com a relação com o sacrifício, formando neste todo uma visão conjunta dos elementos essenciais do sacerdócio cristão.

---

[10] Yves Congar, OP, *Structure du Sacerdoce Chrétien* — em *La Maison-Dieu*, 27, 1951, p. 5.111, nota 1.

Antes de estudarmos em separado o sacerdócio cristão relacionado com estes quatro elementos essenciais, poderíamos dizer que eles se completam da seguinte maneira: O sacerdote é um mediador, e para que o seja, lhe é necessário, em ato primo, receber uma consagração. Feito mediador, ele é destinado em ato segundo a exercer uma função, que, no seu caso, é o sacrifício, com o qual se liga estreitamente o apostolado.

Vê-se com efeito a maior importância do elemento "sacrifício", sem que com isto diminua a ligação necessária com os demais.

Encaremos agora o sacerdócio cristão sob estes diversos aspectos para bem o compreendermos.

2 — Sacerdote, termo etimologicamente explicado por *Santo Tomás* como: *"sacerdos, quasi sacra dans"*, em sua realidade foi descrito por São Paulo, que o tomou como um mediador (Heb 5,1-4). Assim, como mediador, deve possuir uma eqüidistância entre os extremos, os quais ele une levando a cada um o que ao outro é próprio. Elementos pois essenciais lhe são pois a qualidade de mediador é o ato específico da oferta do sacrifício. Como mediador em ato primo deve possuir algo de comum entre os dois extremos que realize a aproximação entre DEUS e os homens. Para adquirir tais requisitos é que se torna indispensável uma consagração que o aproxime de DEUS sem que lhe tire aquilo que o aproxima dos homens.

Em ato segundo, na realização, no exercício de sua função de unir, de reconciliar as partes separadas, transmitindo a ambos o próprio de cada um dos extremos, é que o sacerdote se relaciona com o sacrifício, ato máximo de mediação ascendente, e para o qual *principaliter* o mediador foi consagrado sacerdote e sem o qual não existe sacerdócio. No sacrifício o sacerdote, mediador por excelência, exerce sua mediação ascendente dos homens a DEUS e descendente de DEUS aos homens. Recorrendo às suas preces, intercessão e satisfação, mas sobretudo ao sacrifício — síntese de todos os deveres da humanidade para com DEUS — é que estará cumprindo sua missão, para a qual foi consagrado. Realmente, todo o seu poder sacerdotal lhe foi conferido unicamente para agir, para se tornar mediador em ato segundo.

3 — Mais especificamente adequada para ser a formalidade própria do sacerdócio, a sua relação com o sacrifício aprofunda-nos mais ainda o seu conhecimento. Profusamente fundamentado em toda a Sagrada Escritura, a relação entre o conceito de sacerdócio com o sacrifício, ora se apresenta descrevendo a qualidade sacerdotal do povo de DEUS ou dos fiéis,[11] ora usando expressões culturais características,[12] ora afirmando que a qualidade sacerdotal de CRISTO está ligada à sua qualidade de vítima,[13] ora enfim definindo o sacerdócio por sua função sacrificial.[14]

Numerosos Santos Padres, como Santo Agostinho, São Tomás de Aquino, no Concílio de Trento relacionam e definem o sacerdócio pelo sacrifício. Assim relacionado poderíamos dizer que o sacerdócio em seu sentido global se definia como uma qualidade que permite apresentar-se diante de DEUS pela oferta de um sacrifício agradável, para obter graças.

Sobre o que venha a ser o sacrifício, sabemos das grandes discussões teológicas a respeito. O seu sentido comum, popular diríamos, é alguma coisa que nos custa. Em um passo adiante diríamos melhor que o sacrifício é o ordenar-se a coisas superiores que exigem a preferência eventual delas ao invés do próprio eu. Enfim, seria ordenar a DEUS a totalidade de nosso ser, aceitando livre e amorosamente a nossa referência a Ele, a nossa dependência absoluta, orientando e conformando a nossa vontade com a divina. Santo Agostinho fala-nos do sacrifício como de toda obra feita para união com DEUS ou para nos referir ao Sumo Bem capaz de nos fazer felizes. Santo Tomás nos fala de "retorno a DEUS".

Baseando-nos neste sentido, podemos dizer de um sacrifício de justiça relativo à forma geral do sacrifício como oferta de nossa própria vida. Santo Irineu tem a forte expressão: "Todos os justos possuem a ordem sacerdotal, que só se entende no sentido geral que expusemos. Santo Agostinho diz que "todo

---

[11] Ex 19,6; Is 61,6; 1 Ped 2,4-5; 9-10; Rom 12,1/6,133: Heb 13, 15-16; Apoc 1, 5-6; 5,9-10; 20,6 e 22,3-5.
[12] Rom 15,16 e 27; Ef 2, 18-22; Filip 22, 7; 3,3; Heb 4,14-16; 7,19; 8,1; 10, 19-22; Luc 1 75; 2 Cor 8,4; 9,12.
[13] 1 PED 1,19; 2,18 e 22; JO 17,19.
[14] Heb 5,1; 8,3; 2,17; 9,11-14; 1º,11.

homem consagrado em nome de DEUS e a Ele dedicado, enquanto morre ao mundo para que viva para DEUS, é um sacrifício". Tal sacerdote natural, interior, pessoal, tornou-se público no Antigo Testamento.

Mais um passo adiante, podemos dizer que, tendo como termo uma união perfeita com DEUS, o desígnio divino estabeleceu como meio necessário para tal realização um sacrifício e um sacerdócio da graça. Daí a economia divina e positiva de sacrifício e sacerdócio. Daí também podermos adiantar que a realização perfeita da intenção cultual desejada por DEUS conformando amorosamente a vontade humana com a de DEUS, só em Cristo vamos encontrá-la, só nele, como diz São Paulo, encontramos a realização das promessas do Velho Testamento.

E, assim como a qualidade sacerdotal do povo de Israel estava condensada no sacerdócio do Sumo Sacerdote, representante do povo para expiar e restabelecer a união com DEUS, assim também o sacerdócio e o sacrifício do povo cristão está condensado no de Cristo.

Santo Agostinho, São Cirilo de Alexandria, São Leão Magno e Santo Ambrósio falam com insistência desta ligação do sacrifício individual com o sacrifício de Cristo, único capaz de realizar plenamente o retorno a DEUS de todos os cristãos.

Também a Escritura, além de falar do sacrifício individual, fala da união deste com o de Cristo.[15]

Descobrimos na Bíblia 1.318 textos que nos falam do homem.

Aqui colocamos algumas somente para ilustração: Gen 2,7; Ex 33, 11-20, Lev 27,28; Deut 1,31; 1 Reis 16,7; Jo 2,4; Judit 8,15. Salmo 11,3; Prov 6,12; Cant 8,7; Sab 6,25; Is 17,7; Jer 10,14; Bar 6,72; Ez 14,4; Dan 3,10; Os 11,9; Nal 3,8; Mat 4,4; Lu 2,25; Jo 1,6; Atos 26,31; Rom 3,4; 2 Cor 4,16; 1 Cor 2,14; Heb 8,2; Tiago 1,7; Gal 2,26; 1 Tim 2,5; 1 Pedro 3,4; Ecli 8,13.

Dentro pois deste sacerdócio de justiça encontramos uma economia especial, entre cujas condições gerais encontramos a de Cristo ser não só o princípio e o fim de tudo, mas também a via que une um ao outro. Ele é a vida e também o meio de

---

[15] Heb 15, 15-16; Jo 1,16; 3.13; Ef 1,23 ss; 1 Cor 12,12; Col 2,1; Apoc 1,8; 23,6; 22,12.

alcançar esta vida. Daí entendemos a função de todos os sacramentos: reproduzir de um modo simbólico-real o que Jesus realizou em sua vida por nós, unindo nossa vida à Sua.

Este sacerdócio, pois, de justiça, interior e pessoal, está fundamentado no sacrifício individual da vida de cada cristão, sacrifício de justiça e santidade.

Este sacerdócio recebe na escritura o título de sacerdócio "real" dos leigos. Sacerdócio que não está relacionado em primeiro plano com os sacramentos e a Eucaristia, mas com a oferta de nós mesmos.

É neste sentido que as escrituras nos falam ora de um culto espiritual, de sacrifícios espirituais agradáveis a Deus,[16] de hóstias vivas e santas (Rom 21.1), de um sacrifício de louvor, fruto dos lábios (Hb 13.15), da confissão da fé (1 Ped 2.9), de obras de misericórdias (Hb 13.16). Esta realeza do sacerdócio "real" significa o domínio sobre todas as coisas, domínio que nos restitui a dignidade real de reis da criação, e que liberta o pecado. São Paulo, São Hilário, São Leão, São Efrém assim entendem o sacerdócio real. Tal ligação, aliás, é freqüente na Escritura: entre o sacerdócio e a realeza.[17]

Este sacerdócio real liga-se com os sacramentos da Igreja, tanto a Eucaristia como os demais, porque todos têm o mesmo fim: unir os fiéis a Deus, unindo-os ao sacrifício de Cristo.

E é precisamente aqui que este primeiro título, o sacerdócio espiritual de justiça, interior, espiritual, de santidade pessoal, se liga com o outro título de participação do sacerdócio de Cristo, o sacerdócio batismal. É neste último, no exercício do sacerdócio batismal, que o sacerdócio real de justiça encontra sua consumação. O sacerdócio batismal por sua vez é significado e causado pela Eucaristia. Do batismo vem aos fiéis o poder de se oferecerem em sacrifício na unidade do Corpo Místico. E nesta outra ordem de coisas, na ordem sacramental, encontramos então o sacerdócio sacramental relacionado primeiramente com a Eucaristia e fundamentado nos sacramentos.

---

[16] Rom 12, 1; Filip 3, 3; 1 Ped 14,5.
[17] Apoc 5, 10 e 20, 6; Rom 12, 1; compare com 6, 12.

Possui ele dois degraus: o sacerdócio hierárquico, de ordem, e o sacerdócio batismal, ou dos leigos.

Característico do sacerdócio dos leigos é o direito de participar do sacrifício da Missa e dos sacramentos.[18] E, note-se bem, o direito de participar não só das preces públicas, de que um não-batizado pode participar, mas no sacrifício Eucarístico e dos demais sacramentos dos quais um não-batizado não participa.

Este poder de participar dos sacramentos e do sacrifício é um poder permanente do leigo, conferido a ele pelo caráter que abaixo iremos estudar. Como diz Pio XII na *Mediator Dei*: "Pelo banho do batismo, os cristãos por um título comum, membros no Corpo Místico do Cristo Sacerdote, e pelo 'caráter' que está de uma certa forma gravado em suas almas, eles são delegados ao culto divino; eles participam, segundo a sua condição, no sacerdócio de Cristo".

Resumindo: visto em relação ao sacrifício podemos dizer que existem três títulos de participação do sacerdócio de Cristo: o sacerdócio espiritual de justiça, interior e real, o sacerdócio exterior litúrgico-sacramental com sua dupla espécie, o batismal ou sacerdócio dito dos leigos, e o ministerial ou hierárquico.

Os leigos, pois, que não possuem o terceiro título (o do sacramento da Ordem), possuem dois primeiros títulos: um que lhes vem da graça, outro da consagração do caráter. Destes dois títulos resultam duas atividades sacerdotais dos leigos: oferecer sua própria vida a Deus e participar nas celebrações da Igreja, particularmente a Eucaristia.

Enfim, podemos anotar que, assim como no Sacerdócio Hierárquico existem graus diversos, no simples sacerdócio dos leigos existem graus de participação, a do batismo e a da crisma. É interessante observar que, na Ordem Hierárquica mais próxima da fonte, tal graduação não se faz por meio de um sacramento novo, enquanto, na Ordem dos leigos, tal graduação se faz pelo batismo e pela crisma. E o princípio que acima expusemos de que, quanto mais próximo da fonte, tanto mais simples.

---

[18] *Mediator Dei*, AAS, 1947, pp. 555 ss.

Terminando este ligeiro estudo sobre o sacerdócio dos leigos, vejamos como se fundamenta ele, ou que relação possui com o apostolado.

Já de início convém a observação de que, assim como o Sacerdócio de Cristo não é unicamente litúrgico, também o sacerdócio dos leigos não tem a finalidade principal de uma celebração litúrgica ou ritual. Sem dúvida que possui formalmente a relação com a Eucaristia, mas isto de um modo especial. Sua relação fundamental é com o sacrifício tomado como referência perfeita a Deus, como retorno a Deus.

E é neste sentido que podemos então compreender a subordinação, a ordenação do campo sacramental para com o campo da graça.

A Eucaristia como sacramento, o batismo e a crisma, conferindo um caráter, e os demais sacramentos, foram instituídos por Cristo para santificação de nossa alma, "sacramenta propter homines".

Por isto, podemos também afirmar que o sacerdócio foi feito tanto pelo seu sacrifício, como pela sua consagração e poderes, para suscitar e educar novos participantes do sacrifício de Cristo.

Daí vem a estreita relação do apostolado com o sacrifício e com o sacerdócio de Cristo, pois é por ele, pelo apostolado, que "completamos em nós (e nos outros) o que faltou à paixão de Cristo, em prol do Corpo Místico". O apostolado é a extensão ou a propagação deste sacrifício de Cristo que, apropriado e vivido por cada cristão, irá levá-lo à perfeição do seu sacrifício real, espiritual, interior de santidade e de união com Deus, na qual será rei e realizará sua missão de glorificar a Deus.

Assim os leigos, em seu sacerdócio, teriam também uma relação profunda com o apostolado.

Para entendermos melhor esta relação, poderíamos, por exemplo, fazer uma comparação com o sacerdócio hierárquico.

O sacerdote ordenado recebe pela sua consagração não só uma relação com o sacrifício e com os sacramentos que o faz ministro e que o orna dos poderes sacros sacramentais, mas também recebe poderes e direitos especiais de jurisdição que o fazem mestre com autoridade, poder, direito e dever especiais, e regente com autoridade, poder, direito e dever especiais. O magistério e o regime dizem mais respeito ao apostolado como atividade do que ao sacrifício, centro do sacerdócio.

Tendo em vista o paralelismo dos ciclos — a que nos referimos no início — podemos descobrir uma semelhança, não identidade, ao afirmarmos que também no sacerdócio dos leigos deve haver referências, concedidas pelo caráter, ao magistério e ministério, ou, em outras palavras, referências essenciais à colaboração com o apostolado que também pertence ao sacerdócio.

2. ESPÉCIES DE FUNDAMENTOS

1 — O Apostolado dos Leigos, sendo por natureza uma atividade, é um conceito relativo. Toda atividade é um conceito relativo. Toda atividade se especifica por aquilo com que se relaciona: pelo princípio de onde procede e pelo fim para o qual se ordena.

E como entre o princípio de uma atividade e o seu fim necessariamente deve haver uma proporção, vamos aqui tratar a questão do princípio fundamental desta atividade dos apostolados dos leigos.

Toda atividade pode originar-se de um princípio frontal ou *"per modum informationis"* ou *"per modum obrigationis"* ou *"per modumeliciti"*.

Ou seja, o princípio frontal de ação ou princípio operativo pode passar da potência ao ato ou como princípio informativo ou como princípio imperativo, ou como princípio elicitivo.

Ilustrando, poderíamos dizer que a ação de rezar o nosso breviário é resultante de um princípio imperativo que é a obrigação assumida em nossa ordenação; além disto, se o rezamos com muita piedade e devoção, a ação de rezar será fruto de um princípio informativo excelente, isto é, a virtude cristã da devoção e da piedade; enfim, considerado em si mesmo, o ato de rezar é resultante de um princípio elicitivo, ou seja, nossa inteligência e vontade iluminadas pela fé.

Informativo, pois, seria o princípio que não tem propriamente uma influência de causalidade, mas de modalidade, seja de sublimação, seja de deformação ou degradação; princípio imperativo é aquele que em si mesmo não é uma faculdade de realização, mas unicamente uma lei, um título obrigatório que impera a outra faculdade realizar tal ou tal ação; enfim princípio elicitivo é aquele que especificamente é ordenado *"ex-natura sua"* para uma determinada ação por ele realizada sempre direta e imediatamente.

Considerando, pois, o princípio operativo em relação com elicitivo, podemos dizer o seguinte: o princípio operativo *simpliciter*, sem seu aspecto de elicitivo de algum ato, é mais genérico e, considerado em si só, mais de perto descreve a natureza de seu possuidor, considerando-o um ato primo somente. Já como operativo elicitivo, ele nos aparece em seu aspecto específico, mostrando mais de perto a atividade, o exercício da função operativa, ou o seu possuidor em ato de segundo. Há portanto qualquer coisa de mais estático (já não digo passivo) na consideração do princípio operativo *qua talis*, em relação ao aspecto mais dinâmico (ou ativo) do princípio elicitivo.

2 — Assim entendidas as coisas, poderíamos então situar a crise de nossa tese propondo-nos a questão: Interessa-nos saber qual seja o princípio elicitivo, específico do apostolado dos leigos, deixando de lado o princípio operativo, informativo e imperativo.

Daí não nos interessar a afirmação global, sem precisão, de que "os fundamentos", as "bases" do apostolado dos leigos podem ser encontrados ou na graça, ou nas virtudes, ou no mandamento da caridade, ou, enfim, nos sacramentos do batismo e da crisma. Queremos precisar como cada um destes se relaciona com o apostolado, qual deles é o princípio operativo elicitivo.[19]

E como em nosso tema nos foi restringido o exame, unicamente, dos fundamentos sacramentais do apostolado dos leigos, deixamos de lado o apostolado que poderia se originar dos outros princípios operativos.

---

[19] Sauras, Emilio, O. P., Fundamento Sacramental de la Acción Católica, em *Revista Española de Teologia*, 1943, p. 130.

Examinaremos aquele princípio de ação que nos resta, a saber, o caráter da crisma e do batismo, neles procurando bem definir de que cada um é princípio operativo em ato primo e elicitivo em ato segundo, a fim de que encontremos como um e outro são fundamentos para cada uma daquelas espécies de apostolados apresentadas de início.

Afirmar por exemplo que a graça santificante seja elemento essencial do princípio elicitivo, seria o mesmo que afirmar que os pecadores, fora do estado de graça, não poderiam fazer apostolado — o que todos rejeitam. Diga-se o mesmo de qualquer outra virtude.

Para a graça santificante e para as virtudes resta-nos pois afirmar que são princípios informativos, necessários por suma conveniência, não porém por necessidade especial absoluta.

O preceito da caridade também é um princípio operativo. Tem também o seu apostolado próprio. E elicitivo de um apostolado. Mas, dentro do prisma "sacramental" do exame de nosso tema, este preceito da caridade enquanto virtude e mandamento deve ser considerado como princípio imperativo.

Permanecem, pois, como objeto do nosso estudo, o princípio operativo apresentando também como base, como fundamento do apostolado dos leigos, a saber, os dois sacramentos do batismo e da confirmação que, com o caráter que conferem, possuem algo essencialmente apto para ser tomado como princípio operativo elicitivo.

Cabe-nos pois agora o encargo de estudarmos a natureza deste princípio operativo, tanto no batismo como na crisma, para, depois de conhecidas as suas características, podermos então assinalar as relações dos mesmos com o apostolado dos leigos em suas diversas espécies.

3. PRINCÍPIOS OPERATIVOS SACRAMENTAIS

Relacionando de um modo geral o que vimos sobre sacerdócio, mandato e apostolado, com a questão dos fundamentos, primeiramente vamos estudar o caráter em si, sua natureza, sua função e seu exercício.

Imediatamente após, focalizaremos o cunho específico deste caráter no batismo e na crisma, bem como as linhas precisas da distinção entre um e outro sacramento, encarados já como fundamento do sacerdócio e do apostolado dos leigos.

a) O caráter em geral

1 — Centro principal de todo o sacerdócio dos leigos, o Sacrifício de Cristo, apesar de perfeito em si e plenamente suficiente, não aboliu os símbolos santificadores. Contido na Eucaristia, o Cristo, Sacerdote e Vítima, sob a forma de sacramento e Sacrifício, deve ser apropriado pelos homens por meio de sua participação na celebração sensível de tais mistérios. Todos os frutos da Redenção se encontram em um organismo sacramentário para tal finalidade, o que mostra como todo rito da religião possui relação essencial com o Sacrifício e sacerdócio de Cristo. Todos os demais sacramentos são uma expressão implícita da oferta de Cristo, pois demonstra um reconhecimento do domínio de Deus, ato típico ao culto latrêutico.

E, dado que todo ato de religião é ato de culto, posto ainda que o centro da religião ou sua expressão mais perfeita é o sacrifício, e que todo sacrifício supõe sacerdócio, podemos concluir que toda deputação ao culto deriva do Sacerdócio. Em nosso caso, há um só culto, um só sacerdócio, o de Cristo, participador. É esta nossa inserção no grande movimento de culto a Deus, iniciado por Cristo, que se faz por meio de caráter.

Nem a escritura, nem antigos autores nos dão um ensino formal da doutrina sobre o caráter. A vida da Igreja porém e sua prática contêm princípios que comprovam tal doutrina.

Santo Agostinho, em suas discussões com Donatistas, já expunha a teologia do caráter sacramental. São Tomás faz uma clara evolução em suas exposições desde o Comentário das Sentenças até a Suma Teológica. O Concílio de Trento, enfim, define sua existência, deixando esclarecidos somente três pontos: que existe, que é indelével e que caráter de Ordem constitui irrevogavelmente no estado sacerdotal; quanto à natureza do caráter, deixa à discussão dos teólogos o esclarecê-la. Distinto da graça, o caráter tem como princípio básico o aperfeiçoar da alma para o ministério do culto.

2 — Quanto ao nome caráter, originário da língua grega, diz o mesmo que o latino *"signaculum"*. A significação histórica

no tempo de seu emprego era *"signum quo cognoscebantur inscripti in militia"*, mais ou menos como o sinal impresso a ferro quente nas ancas do gado.

Quanto à sua realidade, o caráter pode ser definido em geral como sinal espiritual e indelével impresso pelos três sacramentos, pelo qual o homem é deputado para aquelas coisas que pertenciam ao culto divino.

Causa eficiente do caráter é a própria Santíssima Trindade; causa exemplar: o caráter eterno do sacerdócio de Cristo; causa formal: a participação do Sacerdócio de Cristo, participação que traz uma distinção para as pessoas que o recebem; causa material: a impressão feita na alma racional *"secundum imaginem"*. Pela terminologia de São Tomás, o caráter, nos sacramentos que o imprimem, seria o *"res et sacramentum"*, com um duplo aspecto, a saber, *"ut respectu signi"*, e *"ut sacramentum respectu ultimi effectus"*, ao qual corresponderia também uma dupla atribuição: como sacramento é sinal da graça, como caráter (ou como *res*) é sinal configurativo a algum principal, junto a quem se encontra a autoridade daquilo para o qual foi deputado.

Em seu aspecto e atribuição de *"signum"*, é de se notar, não está o seu aspecto qüiditativo e essencial, mas somente acidental. É em seu aspecto e atribuição de *"res"* que o tocamos em sua essência: é um *"signum distinctivum et configurativum"*.

Deixando de lado a questão do sujeito em que se apóia, em nossa alma, o caráter, vejamos ainda algo sobre a sua natureza.

Ele não é uma consagração substancial, mas acidental; é algo de sobrenatural substancial e não somente sobrenatural modal, embora seja algo criado; é uma forma acidental que possui algo que, consignando, assemelha um ao outro.

Como participação sobrenatural não se insere nos predicamentos, mas entitativa e materialmente é também um verdadeiro predicamento. A qual dos predicamentos conhecidos pertença o caráter discute-se a categoria da qualidade com suas outras espécies de hábito, ou de potência, ou de paixão ou de figura, ou se a categoria de relação.

São Tomás por exclusão nega que esteja na essência da alma, ou que seja relação, que seja uma figura, que seja uma *"passio"*, que seja um hábito, para afirmar que se reduz à espécie de potência ou a "uma qualidade ordenada como potência".

Como potência, o caráter se caracteriza por ser uma consagração acidental que nos assemelha a Cristo, deputando-nos para o culto.

Assemelha-nos como participantes do Sacerdócio de Cristo, uma vez que é da natureza do caráter participar de um poder.

Esta deputação ao culto é a segunda das duas espécies de santificação nomeadas por São Tomás: a pessoal ou *"emundatione"* e a deputativa ou *"emancipatione"*. Aquela confere santidade subjetiva e se faz pela graça santificante; esta só confere uma "santidade" cultural e deputativa e se faz pelo caráter.

Examinemos pois esta potência do caráter, primeiramente sob o seu aspecto de consagração e mediação, ou em ato primo, e em seguida sob o seu aspecto de atividade, de exercício, de relação com o sacrifício e com o apostolado ou em ato segundo.

3 — Passemos a considerar o caráter como consagração, *em ato primo*. Típico da consagração feita pelo caráter é a deputação para o culto divino ou a participação do sacerdócio de Cristo, feito para dar e receber coisas divinas, ou, em outros termos, é o poder de reproduzir as ações culturais do Sumo Sacerdote Cristo.

Esta deputação de tal forma é radical que dela depende a validade dos atos sacramentais; sem ela os atos são nulos diante de Deus.

Em si mesma é uma potência física que opera fisicamente e não moralmente, como muitos ainda dizem. Em relação à causa primeira, o caráter é uma potência ministerial diminuída e completa, supondo imperfeição porque é uma simples participação. No entanto, apesar de depender tanto do ser como do agir da causa primeira, apesar de não ser portanto primariamente operativo, e sim subordinado e ministerial, ou causa instrumental, apesar de, em ato primo, só possuir a força da causa principal, o caráter pode ser chamado e é de fato uma potência operativa permanente diversa do impulso instrumental transitório das graças dos sacramentos. Potência que assim pode ser chamada não porque seja uma atividade permanente, mas porque é uma aptidão estável, uma capacidade, um título que confere um direito a receber, de um modo conatural, o concurso do agente principal, ou seja, as graças atuais dadas sempre por Deus em razão de sua existência nas almas dos batizados, crismados ou ordenados.

Assim encarado, o caráter se apresenta de fato como um fundamento para o apostolado dos leigos. Vejamo-lo, pois, *em ato segundo*, em seu exercício ou atividade.

4 — Como vimos, operativo por essência, o caráter, como potência está essencialmente ordenado a produzir atos, não deve permanecer inoperante. Os atos, os objetos a que por natureza se ordena são as ações espirituais ou hierárquicas na expressão de São Tomás.

E, como causa instrumental que é, os efeitos que deve produzir são superiores às forças naturais, tendo por isto necessidade de uma energia superior transitória do agente primário. Em ato segundo, pois, o caráter se apresenta não como uma faculdade nova, mas como uma elevação, um cunho especial, um título que marca sobrenaturalmente, ou sacramentalmente, todos os atos dos que o possuem. Esta marca por sua vez não passa do valor e eficácia sacramental que dá aos atos religiosos, imprimindo neles um modo de subordinação ao sacerdócio de Cristo, o que para tais atos constitui realmente uma formalidade nova de inapreciável valor.

Examinando o próprio ato segundo o caráter, veremos que a parte que no efeito resultante cabe à causa instrumental ou segunda é o ato espiritual como potência preparada para receber o influxo de Cristo, e a parte que cabe à causa principal é o mesmo ato enquanto cultural, sagrado, subordinado ao sacerdócio de Cristo.

Finalmente, o alvo visado pela potência do caráter é duplo: comunhão com os sacramentos divinos e realização de ações sagradas ou, em outros termos, o culto divino.

Este culto divino pode ser tomado como subjetivo ou objetivo.

A deputação conferida pelo caráter é para o culto objetivo que consta dos ritos litúrgicos (demonstração de fé) e os ritos paralitúrgicos como o apostolado, demonstração de fé pela conquista, pelo exemplo.

Por tudo isto vê-se que o caráter é de fato uma participação do Sacerdócio de Cristo em todos os seus aspectos, embora participação somente, poder diminuído portanto. A relação que cada um deve possuir com o sacrifício será vista abaixo ao tratarmos do batismo e da crisma.

Terminando poderíamos dizer que no caráter encontramos aqueles quatro elementos essenciais que apontamos acima para a noção do Sacerdócio; uma consagração: a deputação essencial para o culto; pelas orações, preces e ritos litúrgicos, pelo apostolado e defesa pelo oferecimento da Missa; um sacrifício: o sacerdócio de justiça e o batismal e crismal; um apostolado: de oração, de ensino, de ministério e regime.

b) O Caráter do Batismo

1 — É nosso intuito e obrigação precisar agora os característicos do caráter batismal, a fim de vermos qual a relação que possui de fundamento para com o apostolado dos leigos.

O só conhecimento do batismo em seus característicos como princípio operativo e elicitivo, em ato primo e segundo, em seus efeitos como consagração, e em sua relação com o sacrifício e com o apostolado, nos mostrarão qual, de que maneira e até que ponto oferece ele fundamento para o apostolado dos leigos.

Sobre ser o caráter do batismo uma potência passiva ou ativa, ou passiva e ativa, nossa conclusão do que lemos em documentos do magistério, da Tradição, dos Santos Padres e Teólogos é a de que é potência passiva sob um aspecto e ativa sob outro.

Passiva em seu aspecto de consagração da pessoa que o recebe, ou em ato primo, sob seu aspecto estático de estabelecer o sujeito em uma determinada ordem hierárquica, que o torna assim capaz de progredir na recepção dos demais graus da hierarquia. Esta passividade, no Batismo, recebe ainda o realce pelo fato de ser o primeiro sacramento, a porta da vida cristã.

Ativa, porém, em seu aspecto de participação do sacerdócio, ou em ato segundo, sob o aspecto dinâmico de capacitar o sujeito para uma série de ações que só do caráter batismal podem decorrer.

Passiva, enquanto uma realidade permanente que torna o batizado ministerialmente apto para receber influências sacerdotais de Cristo, preparando-o para colocar sua vontade sob a ação do agente principal; passiva ainda, enquanto habilita o cristão para receber os outros sacramentos e seus efeitos que em sua validade dependem dele como de sua causa material.

Ativa, enquanto potência ordenada ao culto para a oferta da Eucaristia, enquanto poder de convivência cristã, de praticar a vida cristã, e participar de seus atos, enquanto direito de participar de unidade da Igreja e de se aproximar da mesa do Senhor.

2 — Precisemos pois seus característicos, vendo-o em ato primo como consagração.

Em geral poderíamos dizer de três aspectos fundamentais nos efeitos do batismo: morte ao pecado em Cristo; união com Deus e amizade com a Trindade no Filho; outro Cristo para a glória do Pai e redenção do mundo.

Cremos no entanto que, com *Bover*, seguindo os ensinamentos principais de São Paulo sobre o Batismo, poderíamos resumir todos os seus efeitos dentro das três metáforas preferidas do Apóstolo: a do enxerto, da sepultura e a do Corpo.

Todas as três ensinam uma tríplice fase na transformação operada na alma do batizado: a amputação, a incorporação e o desenvolvimento.

Dentro destas três fases podemos colocar todas as explicações que a Escritura possui sobre os efeitos do batismo.

A metáfora do Enxerto, em sua fase da amputação, nos fala da cisão que faz o batismo entre cristãos, ramos viçosos, e pagãos, ramos estéreis. É a obra de libertação e salvação, de regeneração em Cristo. Antes, enxertados no velho Adão, depois do batismo, vivemos da videira de Cristo.

Incorporados em Cristo, pela graça cristiforme, com o sinal de cristandade, começa para nós a nossa vocação em Cristo.

Unidos então a Cristo, como ramos e tronco, não só em sentido entitativo, mas também dinâmico, inicia para nós uma solidariedade funcional com Cristo que sublima nossa vida natural sem ferir a integridade e personalidade de nossa alma. Não uma união física que tira a subsistência das partes, mas coesão que conserva perfeita a personalidade de ambos.

Enxertados em Cristo, recebemos a comunicação de toda sua vida, participando então de sua Paixão com todos os seus benefícios, influxos de expiação, purificação, co-redenção, santificação e divinização.

E com Cristo vivendo em nós, nossa vida natural se coloca em função da vida divina, concretizando sempre mais nossa elevação sobrenatural pela graça da adoção, fazendo-nos saborear da grandeza de membros da família de Deus, de participantes da natureza divina, e construindo assim a cidade eterna de Deus em lugar da cidade da terra.

Na fase de desenvolvimento deste enxerto da vida de Cristo feito em nós, vemos como fundamento a oposição: se Cristo vive em nós não podemos viver para o pecado, e como tendência natural de desabrochamento: a preocupação de nos revestir sempre mais dos costumes da Santíssima Trindade.

A idênticas conclusões chegaremos sobre os efeitos do batismo se o observarmos dentro da comparação da sepultura. Enquanto a do enxerto falava de separação e transplantação, a da sepultura fala da destruição.

O simbolismo da imersão na água batismal fala-nos bem ao vivo da realidade de uma ablução da alma ou da morte da alma para o pecado, à semelhança da morte em Cristo. A emersão por sua vez, simbolizando a ressurreição de Cristo, nos fala da realidade de uma vida nova para Deus.

Enfim, a metáfora do Corpo realça mais a união do batizado com o Corpo Místico, excluindo toda distinção social e fundamentando o igualitarismo cristão onde as diversas posições ocupadas por cada um estão em harmonia com o todo.

Em resumo, o batismo, em ato primo, reveste-se de dois aspectos: o de ordem psicológica, como consagração íntima a Cristo e como título positivo para todas as Suas graças; o de ordem social: a união com o Corpo Místico.

3 — Se considerarmos a atividade própria do batismo em ato segundo, ou o exercício do caráter batismal como potência, vamos encontrar como seu característico mais típico o participar ativo de toda a vida cristã, dentro de seu âmbito de Corpo Místico.

Dizemos dentro de seu âmbito de Corpo Místico, porque nos parece que a atividade do caráter batismal se restringe a esta vida familiar da Comunhão dos Santos, a este funcionamento do Corpo Místico, a toda atividade, diríamos, *"intra muros"* da família de Deus, da Igreja. É o que se deduz das palavras de São Paulo aos Coríntios sobre o Corpo Místico, sobre a atividade real de cada batizado, sobre a solicitude e interdependência de cada membro em relação aos outros e a todo o Corpo (1 Cor 12, 12-31). Neste texto não se nota uma referência sequer a uma atividade, a uma capacidade que se exerça em um âmbito além dos limites do Corpo Místico.

Terminando as considerações sobre o Batismo, poderíamos resumir os característicos do caráter batismal dentro dos quatro constitutivos do sacerdócio que acima vimos, da seguinte maneira:

Como uma *consagração*, o batismo caracteriza-se por transformar uma alma pagã em um filho de Deus, e da Igreja, em um membro do Corpo Místico. Com isto lhe dá o poder de exercer, a seu modo, uma mediação, ou seja, por meio de suas orações, de sacrifícios espirituais que, marcados pelo caráter, têm um valor sagrado diante de Deus.

Relacionado com a Missa, o batizado só poderá exercer esta sua mediação de um modo perfeito, dentro de sua condição de batizado, quando une sacramentalmente seus sacrifícios e preces às preces litúrgicas e ao Sacrifício da Eucaristia. Enfim, o apostolado a que está capacitado licitamente para exercer, é o apostolado feito dentro do âmbito do Corpo Místico e não o apostolado além deste âmbito, como o apostolado de conquista e defesa, contra *hostes fidei*.

c) *O Caráter da Crisma*

Fazendo a distinção entre sacramentos consecratórios e medicinais, Scheeben[20] diz que os primeiros nos consagram a um destino sobrenatural e nos fazem ocupar um certo lugar permanente no Corpo Místico.

É por possuir um lugar permanente diverso, proveniente de um caráter diverso, uma finalidade especial, uma graça especial,

---

[20] *Die Mysterien des Christentums*, c. 7.

e efeitos próprios que a Crisma deve se distinguir essencialmente dos demais, não podendo ser somente um sacramento que aperfeiçoa e continua o batismo, como veremos.

Contando com as incertezas de São Tomás e de muitos tomistas sobre se a potência do caráter da Crisma é potência ativa ou passiva, aqui também cremos poder dizer que é uma e outra coisa, sob diverso aspecto. Enquanto caráter, participação portanto do Sacerdócio de Cristo, deputação para ofícios especiais, potência para lutas espirituais contra os inimigos da fé, para confissão pública da fé é uma potência ativa. Enquanto dispõe a alma para receber de um modo mais próximo a suportar injúrias próprias do ofício, é potência passiva, além da potência passiva do batismo.

Uma vez que nos interessa mais de perto a realidade conferida pela Crisma, em função de fundamento do apostolado dos leigos, examinemo-lo, mais detalhadamente, em seu duplo aspecto: ato primo e segundo, ou dentro dos elementos essenciais ao sacerdócio dos leigos: consagração, mediação, sacrifício e apostolado.

1 — Em geral, pode-se apresentar como efeito consecratório da Crisma, considerada em ato primo, a maioridade e virilidade espiritual, por meio de uma unção mais profunda ou de uma maior participação na consagração de Cristo Sacerdote.

Pela Crisma é que realmente nos tornamos "cristãos", ungidos não só pelo óleo simbólico da matéria, mas por uma unção substancialmente nova do Espírito Santo.

Para formarmos uma noção exata, em seu todo e em seus detalhes, sobre o característico da consagração da crisma, singularmente importante para nossa tese sobre fundamentos sacramentais do apostolado dos leigos, consideremo-la dentro do prisma da vida de Cristo e da Igreja.

Cristo, Sumo Sacerdote, possuindo em si, de maneira simplificada e unificada de Homem-Deus, um acervo enorme de riquezas, deixou em Sua vida traços bem nítidos que mostrariam bem claro as divisões destas mesmas riquezas, em suas diversas participações futuras, a do Sumo Pontífice, a dos Bispos, a dos Sacerdotes e as dos Leigos.

Procuremos pois na vida de Nosso Senhor onde Ele deixou significada a participação dos fiéis em seu sacerdócio pela consagração da Crisma.

Baseando-nos em numerosos Santos Padres, podemos reconhecer, na Vida de Cristo, três nascimentos bem distintos: o primeiro em Sua encarnação no seio de Maria Santíssima, o segundo em seu batismo, para a vida pública, e o terceiro, em Sua ascensão, nascimento glorioso no céu.

Sobre o segundo nascimento, em Seu batismo, apoiados na própria Escritura, os Santos Padres afirmam ter havido uma verdadeira e nova unção do Espírito Santo sobre a humanidade de Cristo, unção esta ordenada ao apostolado da vida pública. Até aquele momento, vivendo como pessoa privada mais que como Messias, Cristo, no dizer de Santo Ireneu, por uma nova unção sacerdotal e real, marcou com a descida do Espírito Santo, após seu batismo, o início da pregação de um Novo Reino. São Cirilo de Jerusalém afirma que idêntica ordem devemos nós observar em nossa vida, antes de pregarmos o Evangelho e fazermos apostolado: devemos esperar a unção da Crisma.

Também na vida da Igreja, em sua qualidade de Militante nesta terra, encontramos um duplo nascimento: o primeiro na Paixão do Coração transpassado de Jesus, o segundo na Unção de Pentecostes.

Com Cristo, também a Igreja teve uma vida oculta sob a proteção de Maria,[21] até ao dia de Pentecostes.

O Catecismo do Concílio de Trento diz: "Se os Pastores quiserem mostrar a divina eficiência deste Sacramento — o que sem dúvida fará grande impressão no ânimo dos fiéis — basta que lhes exponham tudo quanto sucedeu aos apóstolos".

Se atendermos ao Pentecostes, encontraremos todos os efeitos típicos da Confirmação em nossa alma como de fato afirma o Decreto *pro Armenis* do Concílio de Florença (DB 697).

Assim pois encontramos nos fiéis, leigos, este duplo nascimento: pelo batismo para o sacerdócio real de Jesus e pela Crisma para a ação apostólica e luta contra o reino do demônio.

Santos Padres em toda a Tradição, o pensamento do Magistério em suas definições e o sentir da Igreja em seus

---

[21] São Tomás, *Opúsc.* XXXV; São Boaventura, *in* III Sent., d. 3. p. 1, a. 2. q. 3. conclus, 2.

textos litúrgicos das cerimônias da Crisma nos falam de um duplo efeito: tornando-nos "perfeitos cristãos" e tornamo-nos instrumentos úteis nas mãos de Deus, como lutadores.

Esta "perfeição" que nos confere a Crisma, e que supera de muito os efeitos do Batismo, é explicada pela Tradição como uma infusão especial dos dons do Espírito Santo.

Esta presença dos dons do Espírito Santo na alma do crismado deve ser corretamente entendida, uma vez que o batismo, colocando na alma cristã a graça divina, traz com ela as virtudes e os frutos; a Crisma, porém, é um título novo, a mais do batismo, para a obtenção das graças atuais necessárias para a luta e que nos vem pelos dons.

A atividade dos dons distingue-se da atividade das virtudes não pelo objeto, mas pelo seu modo deiforme de agir, havendo neles ou nas ações perfeitas do crismado maior iniciativa e direção de Deus e resultando desta atividade não mais uma vida divina, vivida de um modo humano (virtudes), mas uma vida divina vivida também de um modo deiforme.

Tal consagração de "perfeitos" resultante da crisma patenteia-se como necessária diante da grandeza de nossa vocação em Cristo, diante dos obstáculos inimigos que reclamam um socorro pessoal de Deus por intuições decisivas e um modo quase supra-humano de ação.

Vê-se uma ordenação, um sentido especial nesta "perfeição", ordena-se ela para a luta do apostolado de anunciar o nome de Cristo, ou é a virtude da força ordenada para o duplo aspecto do espírito de sacrifício até ao martírio.

2 — O exercício em *ato segundo* do caráter da Crisma é o ato de defesa da fé. Essa defesa da fé feita sob os impulsos do caráter, princípio operativo elicitivo, é diversa da defesa da fé feita pela virtude da fé, trazida pela graça santificante no batismo. *Leonel Audet* diz-nos: "em outros termos, confessar a fé *'habitualiter'* e como causa principal, eis o ato da virtude da fé; confessar esta mesma fé, pelo ofício, *'ministerilaliter'* e *'sacramentaliter'*, tal é o ato da potência da crisma".[22] No primeiro caso, o homem é causa principal, no segundo é instrumental.

---

[22] AUDET, Leonel, Notre Participation au Sacerdoce du Christ, em *Laval Théologique et Philosophique*, vol. I, n. 1-2, p. 66.

Conveniência de um caráter especial para tal função é a importância da missão social e não somente privada do crismado. Com este título novo o crismado recebe o encargo e as graças para a vitória sobre as dificuldades da época correspondente.

O cunho de milícia, que luta arduamente contra inimigos da fé na batalha do apostolado, é pois o cunho característico do exercício do caráter crismal.

Um apostolado, pois, diverso do apostolado que vimos convir ao batizado, pois é um apostolado desenvolvido para além das fronteiras do Corpo Místico, *"contra hostes fidei"*, e realizado sob o signo do "árduo" que por sua vez explica e exige "a perfeição" recebida pela consagração crismal. A estes pontos determinantes da atividade do crismado acresce ainda o de ser, dentro do apostolado dos leigos, o apostolado oficial.[23] Claríssima explicação a do Pe. Audet: "O batizado evidentemente recebeu, também ele, o poder de professar a sua fé, o que aliás faz geralmente por uma vida cristã e pela aproximação dos sacramentos; em caso de necessidade, também ele é chamado a dar testemunho aberto de sua fé em Cristo; mas o caráter crismal confere o poder oficial de defesa e de profissão pública desta mesma fé em face dos inimigos visíveis do Corpo Místico de Cristo. Quando o inimigo assalta uma cidade, todo o cidadão tem o poder, em igual caso de necessidade, de pegar em armas e defender a pátria; no entanto, somente o soldado alistado na milícia tem oficialmente o poder habitual de proteger a cidade e de afastar o inimigo".[24]

Ao batizado, diz São Tomás, falta a participação exterior nas lutas da comunidade cristã.[25]

E ao crismado, acrescentamos, consagrado para a milícia, cabe a responsabilidade pela salvação dos irmãos e o trabalho pela redenção do mundo; para tal, recebem dons que permitem convencer, mover e atrair almas a Deus. Aqui bem a propósito vem aquela distinção de São Tomás, dizendo-nos

---

[23] São Tomás, *Summa Theol.*, III, 72, 5, ad 2: "Confirmatus accipit potestatem publice fidem Christi verbis profitendi, quasi ex officio"; Pio XI ao Cardeal de Lisboa, 10 de novembro de 1933.
[24] AUDET, Leonel, *op. cit.*, p. 64.
[25] São Tomás, *S. Theol.*, III, 72, a. 2.

que ao batizado cabe a luta contra as *"hostes invisibiles"* (como são as tentações contrárias à vida cristã) enquanto ao crismado cabe a luta contra as *"hostes visibiles"*.

Este conquistar de almas dá o cunho sacerdotal e mesmo sacrifical ao caráter da Crisma, dado que conquistar almas é uma oblação sacerdotal agradável a Deus, e ser apóstolo é ter um título de sacrificador, pois faz morrer as almas ao mundo, imola-as a Deus e une os seus esforços de sacrifícios a esta oferta. É o que nos ensinam São Paulo, Santo Ambrósio e Pio XI ao nos dizerem da missão sacerdotal de submeter as inteligências a Deus e ao seu Cristo.

Sua relação com o sacrifício, pois, é esta de uma participação mais profunda nos sofrimentos de Cristo (a cerimônia da tapa lhe recorda isto) e a propagação maior do numero de participantes deste sacrifício, por meio de apostolado.

4. RELAÇÃO DOS FUNDAMENTOS SACRAMENTAIS COM O APÓSTOLADO DOS LEIGOS

Baseados no estudo dos caracteres sacramentais do Batismo e da Crisma, formalmente diversos um do outro, como potências distintas que são, chegamos a postular a existência de dois objetos distintos para o exercício de cada um deles: para o Batismo um apostolado que diríamos "caseiro" ou de "desabrochamento da vida cristã", dentro do âmbito do Corpo Místico, dentro da família dos "filhos de Deus". Esta atividade própria do batizado, cremos, se enquadra perfeitamente dentro daquela divisão das várias espécies de apostolado que no início apresentamos quando deixávamos a palavra do Cardeal *Caggiano* nos falar de um apostolado individual e de um apostolado coletivo, e dentro deste coletivo as várias formas diversas, ou seja, aquelas "recomendadas e aprovadas" cujo apostolado não possui caráter público mas privado, e aquelas erigidas, "pessoas jurídicas", cujo apostolado é público.

Para o apostolado individual e para o apostolado coletivo sem caráter público cremos convir plenamente o que vimos sobre fundamentos do batismo. A espécie de apostolado próprio do batismo seria pois o apostolado individual, sem dúvida, e o apostolado coletivo, em sua forma de privado, como antes vimos. Desta forma pois de apostolado o batismo é princípio operativo elicitivo.

Para a Crisma vimos convir um apostolado cujos distintivos são os seguintes: de defesa da fé e da conquista, portanto dirigido para além dos participantes do Corpo Místico, além dos limites da Comunhão dos Santos, portanto *contra hostes fidei*, portanto um apostolado que exige o adestramento, o treinamento de "perfeitos cristãos"; apostolado "quase *ex officio*" proveniente de sua qualidade de soldados, apostolado que inclui "luta".

Esta luta *"contra hostes fidei"* pode ser orientada tanto contra pagãos como contra cristãos paganizados ou por uma ignorância crassa, ou por má vontade, ou por preconceito, ou por maus hábitos e vícios. Algo pois que inclua necessariamente o elemento conquista ou defesa em face de um inimigo.

Ora, recordando as declarações da Igreja sobre formas de apostolado, vemos uma perfeita adequação entre este exercício da potência crismal e o apostolado que possui a forma de público, principalmente a forma dita nobilíssima, do apostolado "oficial" dos leigos, a Ação Católica como tal instituída pelos Pontífices para a recristianização do mundo novamente paganizado. Podemos pois afirmar que a Crisma é o princípio elicitivo de todo apostolado que se reveste dos característicos acima anotados; logo da Ação como tal.

Ambas afirmações, tanto para o Batismo como para a Crisma, estão apoiados no fato de podermos encontrar um princípio especial de ação, um objeto especial e uma finalidade especial tanto para o Batismo como para a Crisma.

Para o batismo, a potência do caráter batismal que consagra o batizado do filho de Deus com a finalidade típica e limitada da vida cristã, dentro da família do Corpo Místico e com objeto especial do que se refere à graça santificante.

Para a Crisma, a potência especial de um caráter batismal, que consagra o crismado como soldado de Cristo com a finalidade da defesa e conquista e com objetivo especial dos "inimigos de Deus", como dissemos, "inimigos visíveis".

Dizer que a Crisma somente dá os meios e a força para o batizado realizar a ação apostólica, porque faz parte do Corpo Místico, é esquecer que a Crisma, conferindo um caráter, com isto tem que ser entendido um princípio de ação distinto, com uma deputação especial ao culto para alguma coisa no sacerdócio dos fiéis. Forças e meios para realização do apostolado devemos procurar no sacramento da Eucaristia, cujo típico é alimentar e fortalecer transitoriamente, sem conferir título permanente como o caráter, dando graças atuais mais abundantes.

Conseqüência de tais afirmações seria a questão sobre a obrigação de o Crismado entrar na Ação Católica em qualquer de suas formas, ou sobre a obrigação de o Militante da Ação Católica ser ou não ser crismado.

A tais perguntas responderíamos dizendo "nem todo crismado está obrigado a entrar na Ação Católica, pelo menos por uma obrigação individual sob pecado, mas todo militante está obrigado a ser crismado".

Em tal afirmação não há contradição, pois podemos comparar tais obrigações com o seguinte:

Pelo fato de alguém possuir carteira de motorista, que lhe dá direito a guiar um automóvel, não segue que esteja obrigado a de fato guiar automóvel; vice-versa, porém, não se dá o mesmo, pois se alguém quer guiar automóvel deve possuir a carteira de motorista, pois ela é exigida pela lei, é demonstração de sua capacidade.

Assim também Deus teria feito alguma inutilidade se, havendo instituído a Crisma especialmente para um ofício de apostolado de leigos, todos aqueles que, ingressando naquele apostolado que a Igreja denominou "o apostolado oficial dos leigos", não tivessem necessidade de receber a Crisma.

Enfim, enquanto já vimos por experiência em várias dioceses, sedes mesmo de Principados Cardinalícios, como São Paulo, há até a praxe de se pedir dispensa especial para algum não-crismado fazer seu compromisso de militante.